Fernando García Castaño

ES TDAH
Y ahora… ¿qué?

Diseño gráfico: Pura García Serrablo y Paola Moreno

Copyright © 2013 Fernando García Castaño
Reservados todos los derechos

ISBN: 978-1493605712

A Pilar,

mi esposa

ÍNDICE

Introducción 1

1. Y ahora… ¿qué?   1
   a. Cómo puede serte útil este libro   3
   b. Por qué es fiable este libro   4
2. Un preámbulo imprescindible   5
   a. Nuestra única meta: el bienestar del niño   5
   b. Encrucijada ética: el peso de la responsabilidad   6

I. El TDAH a vuelo de pájaro   10

1. Lo que no es   10
2. Lo que es   11
   a. Lo que se ve   13
   b. Lo que ocasiona   13
   c. Lo que no se ve   21
3. De lo que no se ve a lo que se ve: el mecanismo del TDAH   23
4. El iceberg TDAH   28

II: Las primeras horas   31

1. Errores a evitar   31
2. Cuando hay dudas sobre el diagnóstico   40
   a. Procedimiento para diagnosticar TDAH   41
   b. Entonces… ¿tiene mi niño TDAH?   44
3. Cómo buscar una segunda opinión   46
4. Preguntas frecuentes sobre el diagnóstico   49

5   Cuando hay dudas sobre el tratamiento 53
    a. El tratamiento psicológico 53
    b. El tratamiento médico 59
    c. Otros "tratamientos" 67
6. Preguntas frecuentes sobre el tratamiento 69

III. Los primeros días 78
1. Decisiones a tomar y pasos a dar 78
    a. Selección del equipo de tratamiento 78
    b. Información a la familia 81
    c. Información al colegio 84
2. Escenarios sombríos 88
    a. Cuando se opone el cónyuge 89
    b. Cuando se opone la familia 95
    c. Cuando se opone el colegio 96
3. Cuando no es sólo TDAH 97
    a. Si hay trastornos del aprendizaje 97
    b. Si hay problemas de conducta 99
    c. Si hay depresión 100

IV. "Y qué pasa si no hago nada? 102
1. Factores de consideración 103
2. Un factor de alto riesgo 106
3. Riesgos a lo largo de la vida 108
    a. Problemas generales 108
    b. Áreas problemáticas específicas 112
4. Qué pasa si haces algo 114

Epílogo	118
1. Cuando los hijos son nuestro espejo	118
2. Una precaución a tomar	120
3. Y ahora… ¿qué?	121
Apéndice. Criterios diagnósticos	124
Notas	127

INTRODUCCIÓN

1. Y ahora... ¿qué?

Bien, ya lo sabes. Ya tienes una respuesta a las preguntas que te has estado haciendo por tanto tiempo. Ya no tienes que seguir preguntándote por qué mi hijo se porta así, o por qué siempre me dicen lo mismo de él, o por qué no presta atención cuando le hablo, o por qué es tan desobediente. Ya hay una respuesta para todas estas preguntas.

Es TDAH, te han dicho. *Trastorno por déficit de atención/hiperactividad.*

Y ahora... ¿qué?

¿Qué hacer? ¿A quién creer? ¿A quién escuchar? ¿Será verdad? ¿Cómo puedo ayudar a mi hijo? Y, sobre todo..., ¿qué es esto?

Puede ser que te sientas desorientado. Quizás esperabas oír cualquier cosa, menos ésta. Quizás estabas preparado para recibir una orientación (unos "consejos") sobre cómo tratar al niño, mas no un diagnóstico formal. Quizás te sientas confundido, cuando se ha aplicado a tu propio hijo lo que has escuchado de los hijos de otros.

Acaso te puedes sentir asustado. Que tu hijo padezca algo que se denomina *trastorno* te puede parecer alarmante. Te puedes estar preguntando qué se oculta detrás de esa expresión. Incluso puede ser que te asuste internarte en un terreno desconocido, sembrado de incógnitas.

Quizás te asalte la duda. Acaso te estés preguntando por la competencia del psicólogo, psiquiatra, neurólogo o pediatra que ha hecho el diagnóstico. Puedes estar recordando elementos del comportamiento de tu hijo que te parece que no encajan de forma alguna en este diagnóstico. Después de todo, nadie es infalible y cualquier profesional puede equivocarse, ¿verdad?

O pudiera ser que te inunde la incredulidad. Quizás hayas ido desarrollando tus propias ideas sobre lo que le ocurre a tu hijo. Dispones de una explicación que te hace sentido, pues te explica todo lo que pasa. Crees conocer la razón por la que el niño actúa de esta u otra forma. ¿Para qué, entonces, buscar otras explicaciones más raras, más rebuscadas? Si el análisis del profesional no se ajusta al tuyo, no vale. Lo que tú entiendes es válido; lo que te ha dicho un desconocido, que encima te ha cobrado, no lo es. Piensas que nadie conoce a tu hijo mejor que tú. Es más, nadie lo quiere más que tú. Por lo tanto, sientes que la única explicación válida y suficiente es la tuya.

Quizás lo que predomina en ti, más que lo anterior, es la preocupación. Preocupación por sacar a tu hijo adelante, por proporcionarle los medios para que no siga recibiendo daño y para que pueda desarrollarse sin impedimento alguno. Preocupación que se origina en un presente problemático, pero que se proyecta, con angustia, hacia un futuro que se deja ver confuso y oscuro.

Quizás te sientes en este momento de alguna de estas formas, o bien de cualquier otra. Sería interminable describir cómo pueden sentirse los padres en un momento así. Te sientes como te sientes... y eso es todo.

Bien. Estás en todo tu derecho a sentirte así. Como humano que eres, estás sujeto a experimentar emociones de todo tipo. No hay nada negativo ni vergonzoso en ello. Lo que ocurre te afecta de forma muy directa y, sobre todo, toca de lleno a tu hijo. Por lo tanto, es normal que la noticia te agite y te ponga a prueba. Mas te sientas como te sientas, la situación que se acaba de plantear te exige que tomes unas decisiones. Tienes que manejar de alguna forma la noticia que has recibido. Nada está como antes de la visita al profesional que te ha informado. El cuadro ha cambiado drásticamente. La pregunta urgente que tienes ante ti es "y ahora... ¿qué?"

a. Cómo puede serte útil este libro.

Este libro pretende echarte una mano en este momento difícil. Si lo lees en actitud seria y receptiva, puede llegar a ser el instrumento que te guíe a lo largo de un proceso de toma de decisiones que pueden marcar para siempre la vida de tu hijo y, por ende, también la tuya y la del resto de tu familia. En las páginas que siguen, puedes encontrar retratadas algunas situaciones por las que acaso tengas que pasar, encontrarás respuesta a una serie de problemas comunes, recibirás información básica sobre el TDAH y te introducirás en unos aspectos del diagnóstico que probablemente nunca pensaste que existirían. En suma, se te ofrece en este libro una guía rápida y precisa a las cuestiones que con más frecuencia se presentan cuando se acaba de establecer un diagnóstico de TDAH. El proceso en que acabas de entrar no termina, ni mucho menos, con su lectura, pero, por el momento, se trata de iniciar el camino de la mejor forma posible. Ayudarte a elaborar un punto de partida que permita tomar las medidas necesarias para que tu hijo tenga la oportunidad de vivir la clase de vida que merece, es el propósito de estas líneas.

Para que pueda cumplir esta intención de serte de utilidad, este libro carece de tecnicismos. En todo momento, se ha hecho un esfuerzo por plasmar en un lenguaje no técnico un tema que es extremadamente técnico.

Al mismo tiempo que te guía en tu proceso de toma de decisiones iniciales, el libro contiene abundante información sobre el TDAH. Por lo tanto, se puede usar también como una guía de consulta básica sobre este tema.

A través de sus páginas, se pretende entablar un diálogo contigo, estimado lector. Trataremos de infundirte ánimo, de aclarar tus dudas, de señalarte el camino a seguir y de corregir los errores que puedas cometer. En algunas ocasiones, quizás te pueda parecer algo contundente y terminante el estilo empleado, pero puedes tener la total y absoluta seguridad de que la única motivación que nos mueve es deshacer ideas y actitudes impropias y dañinas que muy bien pueden traicionar la mejor de tus intenciones y conducirte a infligir a tu hijo el daño que ansías evitarle, en lugar de proporcionarle el bienestar que muy sinceramente anhelas.

b. Por qué es fiable este libro.

La información que se te ofrece en este libro es totalmente fiable por la única y sencilla razón de que se basa en los resultados que ha producido la abundante investigación científica que se ha llevado a cabo durante las últimas décadas. El autor no admite como fuente de información válida sobre este tema ningún criterio, dato o juicio que no provenga de la ciencia. Rehuimos la mera opinión y el irresponsable "a mí me parece que..." Si el lector busca "consejos", ilustrarse con "diferentes puntos de vista" o "estar al tanto de todas las opiniones", éste no es definitivamente el manual que ha de leer.

Como trastorno del desarrollo de naturaleza biocomportamental que es, el TDAH constituye un trastorno biológico que tiene amplias repercusiones en la conducta de quien lo padece. Los problemas biológicos y de conducta no se pueden estudiar a simple vista, ni usando el "sentido común", ni la mera lógica, ni mediante suposiciones más o menos ingeniosas sobre su origen, desarrollo o curación. Por el contrario, requieren ser investigados por métodos que se ajusten a su naturaleza. Estos métodos se desarrollan dentro de las ciencias biológicas y de la conducta y, por lo tanto, son extremadamente técnicos. Su aplicación ha permitido efectuar considerables adelantos en el conocimiento de este trastorno y nos proporciona la vasta información de que hoy disponemos sobre el mismo. Sólo a esto nos atenemos.

El libro que tienes en tus manos recoge este conocimiento y te ofrece unas guías, siempre a partir de él. Puedes estar seguro de que cada afirmación que en él encuentres se halla respaldada por la investigación empírica realizada.

Además, puedes beneficiarte de la experiencia clínica del autor, que ha visto y evaluado unos tres mil casos.

2. Un preámbulo imprescindible.

Antes de comenzar nuestro recorrido por los escenarios que suelen acompañar un diagnóstico de TDAH, es necesario que examinemos las dos cuestiones que constituyen el eje de esta obra, dos temas que se repiten en estas páginas: a dónde vamos y cómo hemos de ir. Se han de tener meridianamente claros tanto la meta a la que nos dirigimos como el papel que, como padres, desempeñamos en este momento de la vida.

a. Nuestra única meta: el bienestar del niño.

Partimos de la premisa de que, como padre o madre, amas a tu hijo y deseas facilitarle todos los medios necesarios para que se desarrolle armoniosamente y alcance el más alto grado de realización en la vida que le sea posible obtener. Desde aquel momento en que lo tuviste en brazos por primera vez, ha sido el objeto constante de tu interés y tus desvelos. Por esta razón, le alimentas, cuidas de su salud, le proporcionas una educación, le aseguras un hogar y tratas de complacerlo en la medida de tus posibilidades.

Ahora, este niño parece estar amenazado por algo que acaso no entiendes bien. Te has estado preguntando, acaso por años, la razón de ser de unos comportamientos que seguramente te llamaban la atención y probablemente te preocupaban. En este momento, en que se te ha dicho a qué se deben, no está muy claro el tipo de riesgo que puede correr y mucho menos cuan expuesto se encuentra a ello, pero no hay duda de que se está en un trance que encierra sus peligros.

En esta situación y de cara al camino que queda por recorrer, sólo puede haber una meta trazada: asegurar el bienestar del niño por todos los medios a que haya lugar. Todo lo dicho en las páginas que siguen se refiere a este propósito final.

b. Encrucijada ética: el peso de la responsabilidad.

Tu hijo no te pidió nunca que le dieras vida y lo pusieras en el mundo. Su existencia depende de un acto tuyo.

Por otra parte, es un hecho conocido que, a diferencia de lo que ocurre en muchas especies animales, el ritmo a que se desarrolla el ser humano lo hace forzosamente dependiente de sus progenitores por largo tiempo. En algunas culturas primitivas, es factible alcanzar la independencia personal ya en la adolescencia temprana, pero en la nuestra y debido principalmente a las exigencias que impone la educación y el mundo laboral, ese momento puede postergarse, por lo menos, hasta el inicio de la adultez. Hasta entonces, tu hijo depende de ti en todos los sentidos.

Tu hijo carece de todos los medios necesarios para cuidarse a sí mismo y procurarse todo aquello que necesita para su propio bien. No dispone de la capacidad intelectual que se precisa para comprender las anomalías de la salud, o bien, según la edad que tenga, la posee en un grado limitado. Además, aun cuando entendiera lo que le sucede, carece de la capacidad económica y jurídica para atender sus necesidades.

Por lo tanto, es responsabilidad total y absoluta tuya cuidarle y proporcionarle todos los medios que precise para lograr el desarrollo máximo y armónico de todas sus facultades. Cualquier elemento que interfiera en dicho desarrollo ha de ser combatido, pero la identificación de ese factor peligroso, la definición del objetivo a alcanzar y la selección de los medios para neutralizarlo son empresa exclusivamente tuya. Has de pensar y actuar en lugar de ese hijo que un día pensará y actuará, pero que ahora no puede hacerlo.

Gran responsabilidad la tuya, ya que tus actos de hoy afectarán, de forma positiva o negativa, el mañana de tu hijo.

Hasta aquí, es difícil que haya disentido algún lector. Los conceptos mencionados son fáciles y elementales. Cualquier adulto puede comprenderlos sin mayor dificultad. Ahora bien, resta precisar cómo se ejerce esta responsabilidad que tenemos como padres. Y con ello, empezamos a incursionar en el terreno de las dudas, las confusiones y los errores.

"El camino del infierno está empedrado de buenas intenciones", afirmó alguien. Frase genial, que encierra la realidad de que los más puros y loables deseos pueden terminar acarreando una catástrofe. La buena voluntad es, naturalmente, un elemento necesario, al punto de ser insustituible, pues sin ella no se inicia ninguna acción, pero está lejos de ser todo. No sólo hay que querer hacer algo; hay que saber cómo hacerlo. El cómo es la clave de la acción que consigue llegar a la meta propuesta. El cómo es la clave de la responsabilidad paterna eficiente.

El ejercicio de la responsabilidad nos impone tomar decisiones. Mas la decisión sólo puede tener posibilidades de ser correcta cuando parte de una información adecuada sobre la materia en que se decide. No se actúa responsablemente cuando se hace lo que se piensa y se siente, sino cuando actuamos de acuerdo a lo que pensamos y sentimos después de habernos informado sobre el tema en cuestión. Y naturalmente, cuanto más trascendental sea la materia sobre la que tenemos que decidir, mayor será la necesidad de procurarnos una información amplia, sólida y confiable.

La decisión informada representa la única forma posible en que se puede ejercer una paternidad responsable. Si no nos informamos sobre los problemas que pueden presentar nuestros hijos o si caemos en el error de aceptar como auténticos datos que son falsos, no sólo nos incapacitaremos para ayudarles, sino que nos colocamos en una posición en que podemos causarles daño y dolor.

En materia de TDAH, tomar una decisión informada significa instruirse razonablemente sobre el conocimiento que actualmente tiene la ciencia sobre este trastorno, a fin de poder intervenir en la vida del niño de tal forma que se alcance la meta de facilitarle un desarrollo y un futuro óptimos.

Para hacerlo, hay dos caminos. El primero ha de llevarte a matricularte en estudios graduados de Psicología, doctorarte en la rama clínica y especializarte en trastornos de la infancia y la adolescencia. O bien puedes estudiar Medicina y especializarte en Neurología pediátrica, en Psiquiatría pediátrica o en Pediatría. Cuando hayas terminado, no necesitarás consejero alguno, pues tú serás el experto. El inconveniente de esta alternativa consiste en que te puede resultar imposible abandonar todas tus obligaciones y dedicar ocho o diez años a estudiar, aparte de que es posible que la psicología y la medicina te interesen tanto como el estudio de la vida amorosa de los elefantes asiáticos. Además, cuando estuvieras en condiciones de prestar ayuda, quizás tendrías que dársela a tus nietos, pues tu hijo ya estará bastante crecido.

El segundo camino es aprovechar el conocimiento que han adquirido otros que han hecho los estudios que tú no puedes o no quieres hacer y leer lo que han escrito para ti. Empieza por este libro y después lee los otros que se te sugerirán y... eso es todo.

Comencemos a ver ahora qué ocurre con tus dudas y cómo te podemos ayudar a aclararlas y a adoptar la actitud realista y positiva que necesitas para enfrentar adecuadamente la situación y ser plenamente fiel a tu compromiso con tu hijo.

Sin embargo, antes de entrar de lleno en las cuestiones que te preocupan, es necesario que tengas claro qué es el TDAH. Si no tienes el marco de referencia correcto, es posible que no tengan mucho sentido para ti los razonamientos, juicios y cuestionamientos que leerás después sobre el diagnóstico, el tratamiento o cómo enfrentar situaciones particulares. Hay remedio para las dificultades de tu hijo, pero ayudarle va a requerirte una buena inversión de esfuerzos, tiempo y dedicación. Para realizar dicha inversión, es indispensable que estés plenamente convencido de la necesidad de hacerla, necesidad que se define en términos de la calidad de vida de que va a disfrutar tu hijo. Sólo la convicción de que estás haciendo lo que es justo y pertinente puede otorgarte los ánimos necesarios para seguir el camino hasta el fin. Y esa convicción sólo va a nacer y a cobrar solidez del hecho de que sepas a cabalidad lo que le está pasando a tu hijo y los peligros potenciales a que puede verse expuesto. ¿Accederías a someterlo a los riesgos de una cirugía mayor si no estuvieras perfectamente convencido de que es absolutamente necesaria y que su bienestar, e incluso su vida, puede hallarse en peligro?

Para recorrer el camino que te queda por delante, necesitas información. Empecemos, por lo tanto, por examinar qué es el TDAH.

I. EL TDAH A VUELO DE PÁJARO

Como ya sabes, el propósito de este libro es facilitarte una guía rápida sobre las cuestiones que suelen plantearse ante un diagnóstico de TDAH, a fin de que puedas tomar decisiones informadas. Por lo tanto, no corresponde hacer aquí una exposición detallada sobre qué es este trastorno, sino solamente resumirte lo que hoy sabemos sobre el mismo, como parte de la orientación que pretendemos darte. Para informarte en detalle, hay otros manuales, a los cuales te remitiremos más adelante.

1. Lo que no es.

El TDAH no es una "forma de ser" de un niño. No es "su carácter", ni forma parte de "su personalidad". No es una peculiaridad suya, comparable al color de sus cabellos o al tamaño de sus pies. No es, por ende, algo "con lo que tenemos que vivir" resignadamente, pues... "así nació". No es algo a lo que se pueda aplicar lo de "así es y así hay que aceptarle".

No es tampoco una enfermedad propiamente dicha. No lesiona un órgano específico y no se puede curar mediante un tratamiento médico.

No es un índice de la "maldad" del niño. No representa la forma en que éste se las ingenia para torturar de forma exquisita a los que le rodean. No es la pugna que quizás crees que tiene contigo, como padre, para ver quien manda y prevalece. No es un medio para que él imponga su voluntad y "termine saliéndose con la suya". No es el estilo que ha desarrollado para desobedecerte ni para incomodarte.

No es una excusa para las dificultades que arrastra en la escuela. No constituye una justificación para las notas deficientes que lleva a casa, como tampoco es un pretexto para protegerse de tu reacción por las quejas de los maestros.

No es producto de una "falta de atención" de unos padres que ahora empiezan a sentir remordimientos. No lo causó una madre que, por vocación laboral o por necesidad, encomendó el cuidado de su hijo a otras personas mientras ella trabajaba. No se originó en un padre que pasaba escaso tiempo en el hogar. No lo promovió una maestra que trataba al pequeño de tal o cual forma.

No, el TDAH no es nada de esto. Sin embargo, aunque no define la personalidad del niño, marca su comportamiento. Aunque no es una enfermedad, tiene un origen biológico. Aunque no implica maldad alguna en él, imprime a su conducta un toque opositor que le lleva a vivir en altercado con los demás. Aunque no es un escudo para que se refugie de los problemas escolares, afecta negativamente su rendimiento académico. Aunque no lo hace intratable, convierte sus relaciones interpersonales en un área de conflicto. Aunque no lo causan sus padres ni sus maestros, estos juegan un papel prominente en todo este problema.

¿Qué es, entonces, el TDAH?

2. Lo que es.

Lo que sigue es una relación de los puntos principales en que se puede resumir nuestro conocimiento científico actual del TDAH.

Se trata de *uno de los trastornos que se inician en la niñez*, aunque el momento de aparición de los síntomas varía de persona a persona. Se considera que es un trastorno biocomportamental, lo que, en palabras sencillas, significa una perturbación de la conducta que tiene un origen biológico.

No tiene síntomas suyos exclusivos. Sus manifestaciones forman parte de conductas que presentan prácticamente todos los individuos, aunque se dan con alta frecuencia e intensidad.

Es un trastorno heterogéneo. Esto quiere decir que la manifestación de los síntomas es desigual entre las personas que lo padecen. Este es precisamente uno de sus rasgos más desconcertantes para el lego. Mientras que el catarro, por ejemplo, produce los mismos síntomas en toda persona que lo contrae, independientemente de su edad, género, clase social o nacionalidad, no sucede lo mismo con el TDAH. Rara vez presenta una persona la totalidad de los síntomas. En un individuo, resaltan unos, mientras que en otro se destacan otros diferentes. Esta particularidad tan especial ocasiona manifestaciones diversas del mismo trastorno. Si a esto se añade que un porcentaje nada pequeño de los que lo sufren presenta, además, otros trastornos que corren paralelos al TDAH (comorbidad), resulta una variedad de cuadros clínicos muy amplia.

Es crónico. No existe curación, ni actualmente se divisa que la haya. Existe tratamiento para controlarlo y manejarlo, al igual que sucede con algunas enfermedades, como la diabetes. En la adolescencia, suele producirse un cambio en la manifestación de los síntomas, asociado con las transformaciones que tienen lugar en el organismo en esa etapa. Generalmente, desaparece o se reduce el alto nivel de actividad, pero el trastorno sigue estando presente en toda su amplitud. Se ha encontrado que una cantidad que oscila entre el 70 y el 80% de los sujetos que han presentado sintomatología en la niñez, continúan manifestándola y experimentando problemas en etapas posteriores de su vida.

No es en absoluto un síndrome raro, que se dé con baja frecuencia en la población. Con toda probabilidad, has conocido muchas personas que lo sufren y te han llamado la atención algunas características suyas, aunque no supieras que respondían a un síndrome y que, por lo tanto, tenían nombre. De acuerdo a los estudios epidemiológicos realizados, alrededor de un 5% de la población de Estados Unidos presenta el trastorno. Sin embargo, en otras partes, la incidencia es mayor. En Puerto Rico, se ha registrado un 9.5%, similar al 9% hallado en Canadá. Sin embargo, en Colombia se ha encontrado alrededor de un 16%, mientras que en Nueva Zelandia la cifra oscila entre un 2% y un 6%, en Alemania un 4%, en la China entre un 6% y un 9%, en Japón un 7.7% y en Ucrania un 12.6%.

a. Lo que se ve.

Los diferentes síntomas que configuran el trastorno se agrupan en dos conjuntos: la inatención y la hiperactividad/impulsividad.

Al tener dificultad para controlar los procesos de atención, el niño tiende a no prestar atención a los detalles, a no seguir debidamente las instrucciones que se le dan para hacer algo, a perder cosas y, en general, a distraerse. Algunas veces, parece como si no escuchara cuando se le habla. Se le hace difícil organizarse para hacer sus trabajos y suele evitar o posponer cualquier tarea que le demande un esfuerzo mental sostenido por algún tiempo.[1]

Su hiperactividad le conduce a moverse sin razón, a levantarse cuando no debe, a hablar excesivamente y a mantenerse generalmente en actividad, mientras que su impulsividad le lleva a interrumpir a otros en lo que estén haciendo y a contestar una pregunta antes de que se le haya terminado de hacer. Su impaciencia le hace difícil aguardar a que le toque su turno cuando otras personas le preceden para entrar en un sitio o para cualquier otra cosa.

Estos son los síntomas más generalizados, aunque una persona no tiene que presentar todos ellos. En el *Apéndice*, se pueden ver los criterios diagnósticos completos.

b. Lo que ocasiona.

Los síntomas no son más que los comportamientos concretos que nos permiten identificar el trastorno y determinar si alguien lo padece. Su sola enumeración, con ser necesaria, no basta para comprender los efectos del TDAH. Más efectivo resulta examinar lo que su interacción ocasiona en la vida de los niños. Como es imposible mencionar todas las posibles consecuencias, nos referiremos a las más comunes.[2]

Debe estar claro que no todos los niños hiperactivos experimentan todos los problemas descritos a continuación y que la intensidad con que estos se dan varía de caso a caso.

El niño con TDAH tiende a *posponer* lo que tiene que hacer. Este es el resultado principal de su dificultad para realizar tareas que requieren esfuerzo mental sostenido, ya discutido más arriba.

Suele tener problemas con el *manejo del tiempo*. Para cumplir adecuadamente las tareas de la vida cotidiana, necesitamos un sentido del tiempo, que nos vaya diciendo, entre otras cosas, cuánto se requiere para hacer algo, en qué momento hemos de comenzar los preparativos y cuándo hemos de finalizarlo. Las personas con TDAH suelen tener dificultad para realizar estos cálculos, lo que les ocasiona no cumplir con las fechas debidas para la terminación de trabajos, llegar tarde a sus citas o a actividades y, en general, una serie de contrariedades que les hace quedar mal con los que los rodean. El manejo ineficiente del tiempo se observa mejor en los adultos, que son autores exclusivos de lo que hacen, que en los niños, cuyo programa de actividades está determinado parcial o totalmente por sus mayores. No obstante, no son pocos los padres que han descubierto a su pesar que esa asignación escolar que su hijo les aseguraba de buena fe que se hacía "en un rato" requería dos o tres horas de trabajo.

En relación directa con lo anterior, se registra *dificultad para organizarse* de forma eficiente, de modo que se pueda cumplir un programa de actividades. El establecimiento de la secuencia apropiada para realizar con éxito una serie de obligaciones, puede ser un auténtico rompecabezas para un niño o adulto con TDAH.

La mayoría de las personas tienden a mantener un nivel de ejecución de tareas estable. Es decir, suelen trabajar y producir día a día de forma semejante. Los que sufren TDAH presentan, por el contrario, una *fluctuación en su grado de producción y en la calidad de la misma*, a veces marcado. En algunos momentos, pueden desempeñarse satisfactoriamente, con amplias muestras de que dominan lo que están haciendo, mientras que en otros parecen ser personas diferentes, ineptas o con alto grado de dificultad para hacer lo que ayer realizaron con éxito.

Estamos ante una de las consecuencias del TDAH que más desconcertantes resulta y que más consecuencias negativas acarrea. Si alguien, niño o adulto, hace algo bien en un momento dado, los demás asumen que domina la destreza en cuestión y esperan, por lo tanto, que en adelante haga tal cosa sin problemas. Cuando el resultado de otros intentos queda muy por debajo de lo aguardado, la explicación que primero encuentran (generalmente la única) consiste en que "no ha puesto cuidado", infiriendo así un factor de voluntad personal de parte del otro. Cuando se multiplican los episodios en que se alternan los éxitos y los fracasos, pasan a sentir lo que entienden es una justa ira por la "irresponsabilidad" de Fulano, que "se descuida y no pone la atención debida en lo que hace". Les resulta entonces clarísimo que esta persona no es de confiar, a causa de sus fallos y su inconsistencia. Más aún y siguiendo esa bochornosa y malsana costumbre de atribuir a las personas rasgos de personalidad a parir de juicios morales, Fulano queda indeleblemente adscrito a la categoría de "los irresponsables" y se pasa a esperar de él que actúe de forma negligente en cualquier faceta de la vida, ya que lo hace en las conocidas.

Esta cadena de dislates y barbaridades, que tiene sentido para muchos, surge de carecer del dato de que esta persona sufre un trastorno que, muy en contra de su voluntad, le ocasiona hacer las cosas bien unas veces... y menos bien otras.

El niño hiperactivo presenta *dificultad para actuar de acuerdo a reglas y procedimientos establecidos*. Su impulsividad le lleva una y otra vez a violar las normas de conducta conocidas. Padres, maestros y otros adultos pueden invertir tiempo y energías en instruirle sobre lo que se puede y lo que no se puede hacer, sin obtener los resultados esperados. Estos adultos se maravillan cuando ven que imparten las mismas instrucciones a diferentes niños (hermanos o estudiantes) y unos ajustan su comportamiento a las mismas, mientras que no encuentran la forma de que este otro las acate. Como carecen de información sobre la razón de lo que ocurre, atribuyen de inmediato el comportamiento indebido del niño a que "no quiere portarse bien", "no pone esfuerzo ni atención", "desobedece" y otras explicaciones similares, que, en realidad, se reducen a una sola: el niño es culpable.

Este veredicto lleva a actos que se proponen llegar a controlar el comportamiento del niño. Se aplican entonces los medios de control de la conducta infantil conocidos, medios que los adultos han aprendido de la fuente menos indicada: la tradición. Y aparecen las reprimendas y las recriminaciones (que degeneran a veces en insultos), los castigos y los golpes (que degeneran a veces en palizas). En el mejor de los casos, se recurre a mantener conversaciones con el niño, en las que se le describen las buenas intenciones de los adultos y el cariño que sienten por él, se le hace ver lo inadecuado de su comportamiento y las consecuencias negativas del mismo y, al final, se le arranca la promesa de que en lo sucesivo se va a "portar bien". Las premisas de este proceder son que el niño no conoce bien las reglas, que no pone empeño en cumplirlas, que no se da cuenta de las repercusiones de su conducta y, sobre todo, que está en su mano portarse como "un niño bueno". Como todas estas premisas son absolutamente falsas, no se obtiene el resultado apetecido y continúan los problemas, lo que, en el juicio de muchos adultos, se convierte en la prueba final de la "mala condición" del niño, al que se le dieron unas oportunidades que no supo aprovechar. Otros adultos, del tipo "práctico" y animados por la calamitosa y arcaica noción de que no se aprende sin dolor, eligen el atajo, obvian la conversación y emplean de entrada la opción de la riña, la amenaza y la bofetada.

Cualquiera de estos métodos conduce al fracaso. Lógico y natural, si se está partiendo de una comprensión del problema que nada tiene que ver con la naturaleza de éste y nada se está haciendo para ir a su raíz y atacarlo con los recursos apropiados.

La realidad es que el niño hiperactivo no viola las reglas porque no las conozca o porque no ponga empeño en observarlas, sino simplemente porque tiene en su constitución una deficiencia para inhibir sus impulsos, de modo que termina haciendo lo que sabe que no se debe hacer y lo que él no desea hacer. En el momento de actuar, su impulso puede más que cualquier otra consideración. Su acción se dispara de forma automática, como si de un reflejo se tratara. Después, cuando las consecuencias le caen encima, se da cuenta de que incurrió una vez más en lo que quería evitar. Mas ya es tarde. El daño está hecho y, a su pesar, tiene que enfrentar los efectos de su actuar precipitado.[3]

Los niños con TDAH suelen sufrir *reacciones emocionales intensas*. Si se alegran, el griterío puede oírse en varios kilómetros a la redonda. Si se enojan, pueden caer en auténticos ataques de coraje, durante los cuales pueden agredirse a sí mismos o agredir a otros. Si se entristecen, pueden entrar en un proceso de profundo abatimiento y hondo sufrimiento. Toda emoción se experimenta con un máximo grado de intensidad. Hasta cierta edad, son frecuentes las rabietas. Además, es muy común un estado de persistente irritabilidad. Cualquier contrariedad, por insignificante que sea, puede suscitar una explosión emocional, con amplia manifestación de cólera, gritos y llanto.

Es comprensible que no resulte fácil la convivencia, sea en el hogar o en otros ambientes, con niños y adultos que ostentan estas características. El correr del tiempo suele producir un desgaste en los familiares, que han perdido la esperanza de manejar con efectividad tantas situaciones marcadas por la vehemencia y el apasionamiento. Los otros, los que no mantienen lazos afectivos con estas personas, terminan generalmente distanciándose.

Como prolongación de esta emotividad intensa, es frecuente que se dé una *baja tolerancia a la frustración*. Nos frustramos cuando nos vemos privados de algo que anhelamos. Como son muchas menos las veces que tenemos lo que queremos que las que no lo logramos, la frustración resulta experiencia sumamente común en la vida. Pasamos continuamente por todo tipo de frustraciones, desde las nimias hasta las de gran trascendencia. Nos frustramos cuando suena el despertador y, contrario a nuestros deseos, no podemos seguir durmiendo; cuando no alcanzamos el ascenso que queremos; cuando nos perdimos la película que deseábamos ver; cuando no podemos estudiar la carrera de nuestra preferencia; cuando nos quedamos con hambre porque la comida no nos gusta y cuando no somos correspondidos en un amor. Situaciones muy diferentes, ciertamente; de importancia mínima unas y de gran envergadura otras, pero todas nos proporcionan ese malestar que denominamos *frustración*.

Dado este estado de cosas, resulta muy conveniente y saludable aprender a vivir en compañía de la frustración. Es sabio saber llevarse bien con ella. Una personalidad madura e integrada sabrá manejarla, dando a cada una de estas experiencias desafortunadas el valor preciso que tiene, evitando supervalorar los pequeños reveses, de forma que no desestabilicen el estado de ánimo, y ser aplastada por las adversidades. Cuando éste es el caso, decimos que esta persona dispone de un *nivel adecuado de tolerancia a la frustración*.

Diversos elementos pueden interferir en este proceso y malograr que algunos individuos alcancen ese nivel óptimo. Cuando eso ocurre y cada contrariedad se transforma en un problema que acarrea reacciones emocionales desproporcionadas e inhabilita a la persona para analizarlo y buscar la mejor solución posible, decimos que tal individuo presenta una *baja tolerancia a la frustración*. El TDAH es uno de los factores que provoca este nivel inadecuado e insuficiente de tolerancia a lo que nos disgusta e incomoda.

Una alta cantidad de niños hiperactivos se distingue por su dificultad para posponer la gratificación. No se trata sólo de que "quiero esto", sino de que "lo quiero ya, ahora mismo". Una posposición, por leve que sea, puede ocasionar un berrinche, medio por el que el pequeño da rienda suelta a su malestar por no disfrutar de lo que desea en ese momento. Según las características particulares que presente, las rabietas pueden variar en su frecuencia e intensidad. Con el transcurrir de los años, pueden transformarse y dar paso a agresiones verbales o físicas.

Muchos de los niños hiperactivos manifiestan tener unas *pobres destrezas sociales*. Su impulsividad tiene mucho que ver con esta deficiencia. Al actuar de forma rápida e impremeditada, cometen errores que pueden perjudicar a otros. Coger algo que no es suyo, interrumpir los juegos o la conversación de otros o hacer el comentario indebido en el momento inoportuno son ejemplos comunes de comportamiento impulsivo. Como es de esperar, los perjudicados reaccionan en defensa de lo que entienden son sus derechos, con lo que surge el conflicto. Si a esto se añade que ciertos niños hiperactivos tienden a desarrollar una conducta agresiva, por lo que la violencia verbal o física constituye para ellos el recurso de primera instancia para manejar sus conflictos interpersonales, se obtienen todos los ingredientes necesarios para garantizar un ambiente de continuas discusiones, encontronazos y pugnas en sus relaciones con los demás.

La consecuencia usual de lo anterior es el rechazo de los compañeros y, por ende, el aislamiento. Es sabido que, cuando se encuentran en grupo, los niños tienden a excluir a los que de alguna forma no comparten los rasgos del mismo. En los casos en que hay antagonismo de parte del que se diferencia, se puede pasar fácilmente del rechazo a la persecución. El niño antipático a los otros puede ser acosado. Si como, probablemente, reacciona con agresividad, se incrementa el acoso, con lo que se abre una espiral de mutuo rechazo e incrementada violencia, de imprevisibles consecuencias.

Aunque aparece afortunadamente en pocos casos, algunos niños hiperactivos presentan un *comportamiento temerario*. Al mismo tiempo que su notable irreflexión les lleva a colocarse en situaciones que ponen en peligro su integridad física, resulta llamativo que no aprendan de experiencias vividas. Una lesión fruto de un accidente ocasionado por su impulsividad, no tiene el efecto de modificar su comportamiento futuro. Un niño que, por ejemplo, ha recibido una quemadura por tocar una plancha caliente, aprende la lección y desde ese momento se mantiene lejos de las planchas. Incluso los animales están sujetos a este tipo de aprendizaje. Hacen la excepción estos niños hiperactivos, que siguen exponiéndose una y otra vez a situaciones peligrosas, que pueden amenazar su propia vida.

Si el niño está consciente de que deja sus obligaciones para última hora, de que se le hace difícil administrar el tiempo y organizarse, de que unas veces las cosas le salen bien y otras mal, sin que pueda explicarse a qué se debe, de que transgrede una y otra vez las regulaciones que conoce, de que sus emociones le asaltan intensamente, de que sus relaciones con los demás están plagadas de conflictos y de que, sin darse cuenta, se coloca en situaciones de peligro... ¿es de extrañar acaso que tenga un pobre concepto de sí mismo?

Ciertamente, resultaría milagroso que no desarrollara una *baja autoestima*. Difícilmente podría ser otro el resultado de años de recriminaciones, provenientes tanto de otros como de sí mismo.

Para desempeñarnos adecuadamente en la vida, necesitamos contar con una confianza razonable en nuestras facultades para llevar a cabo las empresas que emprendemos. Si partimos de la premisa de que no vamos a tener éxito o de que nos va a resultar penoso y agotador alcanzar un resultado positivo mínimo, resulta lógico que comencemos la tarea con escepticismo y con escasas energías. Este es muchas veces el caso del niño que "no le gusta estudiar" o que "siempre se porta mal". Si ese niño conociera la razón de sus dificultades, sabría que no se deben a supuestas incapacidades o perversidades de su parte, por lo que la imagen que tiene de sí mismo estaría más acorde con la realidad. Su autoestima sería más objetiva y exacta.[4]

Al actuar en él estos factores adversos, el niño hiperactivo confronta una serie de problemas en el hogar y en el colegio.

En el hogar, es común que las asignaciones escolares se conviertan en un área eternamente conflictiva, que se perjudiquen las relaciones con los padres, al no ver estos satisfechas sus demandas de orden y trabajo, y que se torne difícil la convivencia con los hermanos a raíz de unos enfrentamientos que se tornan crónicos.

En el colegio, suele verse perjudicado el aprendizaje. Las notas que recibe pueden ser bajas y en el peor de los casos, tiene que repetir algún grado. El comportamiento representa la segunda fuente de problemas. Los padres suelen recibir quejas y verse llamados a reuniones con el personal escolar. Si hay problemas de agresividad, el niño puede llegar a ser expulsado de la institución.

c. Lo que no se ve.

Esta sección contiene la información más técnica de esta obra, que resulta ser precisamente la más decisiva para tomar unas decisiones responsables respecto a qué se va a hacer una vez que se ha establecido un diagnóstico. Los seres humanos tomamos nuestras decisiones a base de la información que tenemos. Si se desconoce lo que ocurre en el organismo para que tengan lugar las adversidades anteriormente mencionadas, se corre un serio peligro tanto de restar importancia al diagnóstico como de tomar un camino errado en el momento de atajarlo terapéuticamente.

La amplia investigación realizada en las últimas décadas nos ha hecho ver que el TDAH es un trastorno orgánico con manifestaciones en el comportamiento de quienes lo sufren. Este es el concepto clave y fundamental que no se puede perder de vista en ningún momento.

Los principales hallazgos sobre la naturaleza de este trastorno se encuentran en estudios neurológicos y genéticos y se pueden resumir como sigue.

Se ha encontrado que el flujo sanguíneo en la región prefrontal del cerebro y en el núcleo caudado, que forma parte de la conexión con el sistema límbico, se encuentra disminuido.

El metabolismo de la glucosa en la misma región prefrontal es bajo, dato obtenido al examinar personas de diferentes edades por medio de la técnica TEP (Tomografía de Emisión de Positrones).

Los estudios hechos con Resonancia Magnética han mostrado algunas diferencias anatómicas. El tamaño del lado izquierdo del núcleo caudado es inferior a lo común (en la población general, el lado izquierdo es mayor que el derecho). Lo mismo ocurre con el globo pálido del hemisferio derecho. El cuerpo calloso, que une los dos hemisferios del cerebro, tiende igualmente a tener un volumen inferior al promedio.

Actualmente, existe consenso en la comunidad científica en que el TDAH tiene un fuerte factor genético. Se ha encontrado que un 32%, aproximadamente, de los hermanos de niños que tienen TDAH, pueden presentarlo también. Si es uno de los padres quien lo sufre, el riesgo de que sus hijos lo manifiesten es de un 57%. Por otra parte, cuando se han estudiado grupos de niños hiperactivos adoptados, se ha hallado que la incidencia de síntomas en los padres biológicos es mayor que en los padres por adopción, lo que obviamente sugiere una conexión genética. Por último, la investigación de hermanos gemelos ha mostrado que cuando uno de ellos presenta TDAH, la probabilidad de que el otro reciba el mismo diagnóstico ronda el 80%.

Los neurotransmisores son sustancias químicas que expiden las neuronas (células cerebrales) para estimular las neuronas vecinas. Este dispositivo químico permite que los impulsos o mensajes se transmitan por el cerebro. Se ha encontrado que estos neurotransmisores, sobre todo los dos llamados *dopamina* y *norepinefrina*, operan de forma deficiente. No se sabe con certeza si hay escasa producción o baja recepción de los mismos, o si bien no permanecen el tiempo necesario en tránsito. Sea como sea, su acción es defectuosa.

En resumen, se desprende de lo anterior que el estado actual de la investigación sobre el TDAH lo muestra como un trastorno con un fuerte factor de transmisión genética, en el que están implicados tanto unos procesos químicos deficientes como diversas estructuras cerebrales, especialmente la región prefrontal.

Tanto los procesos químicos como las áreas del cerebro mencionadas desempeñan una función significativa en la regulación del comportamiento y de la atención, en el control de los impulsos y, en general, en la habilidad para planificar, organizar y supervisar la propia actividad. Si su funcionamiento no es adecuado, no es de extrañar que se den esos comportamientos que, tomados en su conjunto, denominamos TDAH.

¿Cuál es, entonces, la función del *medio ambiente* en este trastorno? Definitivamente, las circunstancias ambientales, incluyendo las personas que rodean al niño y sus estilos de relacionarse con él, no producen el TDAH. Ahora bien, si bien es cierto que no lo crean, no es menos cierto que juegan un papel prominente en su manifestación y desarrollo. Un hogar y un ambiente escolar flexibles, con capacidad de afecto y comprensión pueden mitigar considerablemente los problemas y sinsabores que se derivan del trastorno. A la inversa, un hogar y un ambiente escolar rígidos, punitivos, hipercríticos y hostiles pueden agravar muy significativamente estos conflictos y ocasionar complicaciones innecesarias.

3. De lo que no se ve a lo que se ve: el mecanismo del TDAH.

Si acaso te estás preguntando, estimado lector, cómo estas particularidades del cerebro producen la lista de percances e incidentes característica de las personas que tienen TDAH, tu pregunta es muy válida y lógica. ¿Cómo inciden en la conducta estas diferencias orgánicas? ¿Cómo explican, por ejemplo, casos tan concretos como que un niño interrumpa a otros en lo que están haciendo o que incurra una vez y otra en el mismo error, sin aprender de la experiencia? ¿Qué mecanismo activa lo que no se ve para que produzca lo que se ve?

Si hubieras hecho la pregunta hace poco más de veinte años, la respuesta obligada habría sido que no sabemos. Afortunadamente, una gran cantidad de investigadores ha estado trabajando en descifrar estos mecanismos, por lo que hoy podemos decirte bastante al respecto.

Russell A. Barkley, psicólogo clínico, es autor de la primera teoría sobre el TDAH. Esta teoría[5], que se irá reformulando a medida que siga progresando la investigación, nos ofrece las primeras respuestas a las incógnitas sobre los mecanismos por los que opera este trastorno.

Según Barkley, el verdadero problema del TDAH consiste en la dificultad para inhibir la conducta, o sea, controlar el impulso para responder a una situación. Examinemos este concepto.

Por diferentes razones, las personas solemos tener una serie de reacciones preparadas como respuestas a unas situaciones dadas, de forma que cuando nos ocurre algo, la respuesta ya dispuesta tiende a dispararse automáticamente. Dicho de otra forma, sentimos el impulso de actuar de un modo determinado. Por ejemplo, si vemos algo que apetecemos, tendemos a ponerle la mano encima. Si una persona nos atrae sexualmente, sentimos el deseo de aproximarnos a ella. Si alguien nos ofende, nuestra primera reacción bien puede ser abofetearlo. Si conducimos un automóvil y vemos un hoyo a corta distancia, nuestra reacción inmediata es frenar en seco. Naturalmente, la colección de acciones preparadas como respuesta a situaciones específicas varía de persona a persona, pero cada uno de nosotros tiene su propio repertorio.

Según sea el caso, la acción lista y almacenada puede darse sin que haya efectos negativos. Otras veces, su aparición puede ser altamente inapropiada e imprudente y colocarnos en serios problemas. Por lo tanto, tenemos que ejercer una vigilancia continua sobre nuestros actos y reacciones, de modo que reprimamos (*inhibir* es el término que se usa en las ciencias de la conducta) unos, mientras que emitimos libremente otros. Si no ejerciéramos este control, nos provocaríamos daño a nosotros mismos y se lo infligiríamos a otros. En última instancia, la convivencia en sociedad resultaría imposible. La civilización se basa en la inhibición de los impulsos.

Se trata de una inhibición sana, que funciona como un filtro. Este filtro nos permite controlar nuestros actos y nos dicta qué hacer y cómo y cuándo hacerlo. Nos hace posible bloquear, modificar, posponer y llevar a cabo nuestros actos, según sea el caso, con el resultado de que regulamos nuestra conducta. En lugar de vivir dominados por nuestros impulsos, conducimos racionalmente nuestra vida.

El nombre técnico de este "filtro" es *funciones ejec*utivas. Nombre muy descriptivo, por cierto, puesto que se trata de unas habilidades mentales que ejercen en nosotros las mismas funciones que tienen los altos ejecutivos en una empresa. Es tarea y responsabilidad de los mismos planificar el desarrollo de la empresa, de forma que cada sector funcione en armonía con los otros y la firma como un todo se mueva a obtener el máximo beneficio posible.

Los ejecutivos diseñan y programan las tareas, asignan su cometido específico a cada departamento y coordinan los esfuerzos de todos. En una palabra, dirigen. Su función es insustituible, pues sin ella imperaría el caos.

De modo similar, las funciones ejecutivas imprimen sentido a lo que hacemos y regulan nuestro diario actuar para que podamos alcanzar las metas que nos hemos propuesto. En gran medida, hacen su trabajo inhibiendo los impulsos que experimentamos y sustituyéndolos por formas de actuar subordinadas a un propósito central. Simplemente, nos permiten llegar a donde queremos, sin autoderrotarnos.

Las anomalías neurobiológicas antes mencionadas tienen el efecto de perjudicar las funciones ejecutivas, de forma que éstas pasan a desempeñarse de una manera pobre. En la analogía que hemos hecho de una empresa, sería como poner a su frente unos ejecutivos incompetentes, que no sepan planificar, coordinar y dirigir. En tal escenario, se multiplicarían a diario los conflictos y la empresa terminaría viéndose fácilmente desplazada por otras que operen adecuadamente.

Las personas que sufren TDAH tienen mermadas sus facultades para controlar su conducta. Pese a la buena voluntad que muchas de ellas ponen, se encuentran a menudo haciendo lo que saben que no deben hacer. Su "filtro" funciona defectuosamente y no frena actos que no deberían darse. En consecuencia, se frustran una y otra vez. Veamos algunos casos en que se hace evidente la conexión entre el funcionamiento ineficaz de las funciones ejecutivas, producto de anomalías cerebrales, y los problemas que los niños y adultos hiperactivos confrontan cotidianamente.

El *tono emocional intenso* puede explicarse por la dificultad para separar los hechos y las reacciones emocionales a los mismos. La capacidad de inhibir reacciones (*respuestas* se denominan en psicología) que tiene el ser humano, nos permite diferenciar entre un hecho que observamos o experimentamos y la emoción que despierta en nosotros. Por ejemplo, si alguien nos trata mal, podemos sentir indignación, coraje y deseos de agredir, que vienen a ser las reacciones emocionales ya listas para ser disparadas. Nuestras funciones ejecutivas nos permiten inhibir esa respuesta porque se juzga que es contraproducente. En consecuencia, la sustituimos por otra más conveniente y apropiada. Hemos podido proceder así porque desde un principio se registró el coraje (emoción) como un hecho diferente y separado de la acción ofensiva que hemos recibido. Por lo tanto, podemos tratar cada uno de forma independiente. Como resultado, impedimos la manifestación del coraje y manejamos la situación de ofensa de una forma constructiva. La persona que tiene TDAH no acierta a desligar ofensa y coraje, por lo que éste tiende a manifestarse de forma automática y descontrolada cada vez que se siente ofendida.

El *lenguaje interno* es otra de las funciones ejecutivas perjudicadas. Es de notar que sólo la especie humana emplea el lenguaje para que el individuo se comunique consigo mismo. Mediante el lenguaje interno, establecemos las reglas y preceptos que guían nuestra conducta. Cumple este lenguaje, por lo tanto, la función de regular el comportamiento. Por medio de él, solucionamos problemas, nos fijamos metas y establecemos los procedimientos y estrategias necesarios para alcanzarlas. Las irregularidades cerebrales mencionadas tienen el efecto de deteriorar este lenguaje interno que tan necesario nos es, con el resultado de que la persona afectada no ejerce un autocontrol eficaz y va a la deriva por la vida. Sin un lenguaje interno que le establezca un programa de acción, se frustra una y otra vez en las aspiraciones que pueda tener.

Lo mismo sucede con la *memoria de trabajo*. Se refiere esta expresión a la habilidad para tener presente la información necesaria para llevar a cabo procesos como el aprendizaje y el razonamiento. Al permitirnos, entre otras cosas, aprender de la experiencia habida, sirve para regular la conducta, tomando decisiones adecuadas, que no reproduzcan errores del pasado, y controlar la forma en que realizamos nuestras obligaciones. Al igual que en los casos anteriores, las anomalías cerebrales tienen un efecto, que puede oscilar entre lo levemente perjudicial y lo destructivo, en la memoria de trabajo. *El niño que no podía dejar de quemarse*, del que se ha hecho mención más arriba, es el caso más patético de fallo de la memoria de trabajo que he visto personalmente. A pesar del sufrimiento que le provocó el accidente que había sufrido, estuvo a punto de repetirlo. Simplemente, no se había producido aprendizaje.

Por último, *la habilidad para enfrentarse a los problemas y manejarlos creativamente* resulta también afectada. Un proceso de aprendizaje defectuoso perjudica el desarrollo de la habilidad para hacer frente a las vicisitudes de la vida cotidiana, por lo que éstas se enfrentan de forma ineficiente.

La incidencia negativa del TDAH en las funciones ejecutivas es más extensa, pero basta con lo dicho para formarse una idea de cómo operan los mecanismos que tan a menudo suscitan las angustias de tantos niños, así como las ansias y preocupaciones de tantos padres y maestros.

Se ha ofrecido una información básica sobre la naturaleza del TDAH y sus causas, que consideramos necesaria para los propósitos de esta obra. El tema es mucho más amplio y complejo, por lo que te invitamos, amigo lector, a ampliar tu información mediante la lectura de otros libros.

4. El iceberg TDAH.

El TDAH puede ser representado como un iceberg, uno de esos enormes témpanos de hielo que se desprenden de los glaciares y flotan en el océano. La particularidad de los icebergs consiste en que su porción visible, fuera del agua, es sólo una séptima parte de su volumen total. Esto significa que por debajo del agua se extiende una masa equivalente a seis veces, como mínimo, el segmento visible. Así pues, el iceberg es un gigante peligroso y amenazante, del que únicamente se ve una pequeña parte.

En la base del iceberg TDAH, se encuentran los factores neurobiológicos, generadores del problema: el bajo riego sanguíneo y el pobre metabolismo de la glucosa que se dan en la región prefrontal del cerebro y otras zonas del mismo, las anomalías anatómicas y el funcionamiento ineficiente de los neurotransmisores.

Estos factores biológicos afectan negativamente el desarrollo y la efectividad de las funciones ejecutivas, que se encuentran en el nivel inmediatamente superior. La regulación de las emociones, el lenguaje interno, la memoria de trabajo y la habilidad de analizar los hechos con miras a elaborar nuevas instrucciones mantienen un bajo nivel de funcionamiento.

El resultado global de la acción deteriorada de las funciones ejecutivas es un déficit de la inhibición de la conducta (nivel superior próximo del iceberg).

La expresión de esta inhabilidad para regular el comportamiento se ve modulada y configurada por el medio ambiente (estilos educativos de los adultos, ambiente del hogar y ambiente del colegio), que puede tanto atenuar como agravar el problema. Las condiciones ambientales forman el último nivel no visible del iceberg, contigua a la parte visible.

En el segmento visible, se encuentran los problemas conductuales que ocasiona todo lo anterior. Esta es la única parte del TDAH que conocen, por experiencia propia y directa, los adultos que se relacionan con niños aquejados por el trastorno. Aquí están los conflictos por los que se lleva a los niños a un profesional de la salud: dificultad para concentrarse y para organizarse, inquietud y actividad corporal elevada, inconsistencia en la calidad de lo que aprenden y hacen, dificultad para seguir las reglas de comportamiento que conocen, reacciones emocionales intensas, baja tolerancia a la frustración, pobres destrezas para relacionarse con los demás, comportamiento temerario, baja autoestima y otros.

Del análisis de estos problemas comportamentales y de su cuantificación estadística surgen los criterios diagnósticos establecidos y periódicamente renovados por la comunidad científica, agrupados actualmente en tres factores: déficit atencional, hiperactividad e impulsividad (véase el *Apéndice*).

Este es el cuadro completo, amigo lector. Para atacar de frente y de raíz el problema, es imprescindible conocer la totalidad del iceberg. No pocos padres han fracasado lamentablemente en ayudar a sus hijos, pese a su buena voluntad, porque han tomado decisiones a base de conocer sólo la parte visible del iceberg, sin obtener información sobre todos esos sustratos que son responsables de los problemas cotidianos. Si el conocimiento existente del TDAH es mera y literalmente superficial, se torna casi imposible manejar éste adecuadamente. A la hora de decidir el tratamiento, puede terminarse dando palos a ciegas o transitando los senderos equivocados. Cuando tienes delante el TDAH, no te enfrentas solamente a lo que ves, sino a la totalidad del iceberg.

Y recuerda, estimado lector, que los icebergs son peligrosos. Recuerda lo que le sucedió al Titanic...

Ahora que ya conoces al enemigo, veamos las dudas que puedes tener.

II. LAS PRIMERAS HORAS

Las primeras horas después de haber recibido el diagnóstico pueden ser críticas. Lo son, de hecho, en una serie de casos. Es común que se den unas situaciones que pueden comprometer el proceso de toma de decisiones sobre la ayuda terapéutica que puede necesitar el niño. Como padre, te vas a enfrentar, en primer lugar, con tu propia reacción, que surge de la información que ya puedas tener sobre el tema, los comentarios y opiniones que hayas oído y de una serie de conceptos sobre los tratamientos psicológicos y psiquiátricos en general que hayas ido desarrollando previamente. Vas a recibir las reacciones de familiares y amistades, que muy bien pueden contener consejos, exhortaciones, reparos y críticas. Además, puedes tener dudas o preguntas no contestadas sobre el diagnóstico o sobre el tratamiento. O bien puede pesar sobre ti alguna situación tuya muy particular y privada.

Examinemos, en primer lugar, algunos de los errores que más comúnmente se cometen.

1. Errores a evitar.

Atender a opiniones no autorizadas. Como trastorno del desarrollo de tipo biocomportamental, el TDAH constituye un área de estudio especializada de la psicología, la neurología, la psiquiatría y la pediatría. Por lo tanto y al igual que sucede con cualquier otro problema de salud, sólo los profesionales de estas disciplinas están capacitados para emitir opiniones autorizadas sobre este trastorno. Otras opiniones, por muy sinceras y bienintencionadas que sean, carecen de la competencia profesional necesaria para ser tenidas en cuenta.

Esas opiniones pueden estar en ti mismo, o puede ser que las escuches de otros. El ejercicio de la responsabilidad que tienes con tu hijo comienza con filtrarlas adecuadamente. Si caen dentro de la mitología irresponsable que se ha desarrollado sobre el TDAH, son falsas y si cometes el desatino de considerarlas verdaderas y empiezas a tomar decisiones guiado por ellas, corres el grave peligro de no atender el problema de tu hijo y de causarle el perjuicio que no deseas para él.

El TDAH es una cuestión técnica. Tanto, que ni siquiera todos los psicólogos y todos los médicos están familiarizados con él. Hoy por hoy, sólo lo están aquellos que trabajan con la población infantil, han leído la literatura científica que se ha escrito sobre el mismo, están al tanto de la investigación y tienen experiencia atendiendo casos. Si resulta especializado incluso para los profesionales de la salud, ¿qué valor puede tener el parecer de alguien que ni siquiera tiene una preparación mínima en estas áreas?

Te invito a que te plantees seriamente estas preguntas. La persona que te hace comentarios sobre el diagnóstico de tu hijo (puedes ser tú mismo quien te los hagas) ¿está al tanto de qué ocurre con el flujo sanguíneo en el lóbulo frontal del cerebro de las personas que padecen TDAH? ¿Sabe qué sucede con el metabolismo de la glucosa en esa misma zona? ¿Tiene idea de la acción de los neurotransmisores en el cerebro y de cómo funcionan en los que sufren TDAH? ¿Qué información tiene de los procesos de atención? ¿Qué sabe del efecto de los psicoestimulantes? ¿Qué nociones de modificación de conducta tiene? ¿Está al tanto de los procedimientos para hacer un diagnóstico de TDAH? ¿Cuántos libros ha leído sobre el tema? ¿Cuántos estudios puede citar?

¿Ves el punto? Si las respuestas a estas preguntas son negativas, lo mejor que puedes hacer es agradecer su buena voluntad, que seguramente tiene, pero hacer caso omiso de sus recomendaciones a la hora de decidir qué vas a hacer con tu hijo. La responsabilidad del presente y el futuro del niño no es de esa persona, sea abuelo, tío u otro familiar. No; la responsabilidad es exclusivamente tuya. Quizás se moleste la otra persona, ¿pero no es preferible este inconveniente a correr el riesgo de afectar negativamente la vida de tu hijo?

Determinar si tu hijo tiene TDAH comparándolo con otros niños. Es éste uno de los errores más inmediatos y comunes. Si un amigo, un vecino o un familiar tiene un niño que sufre TDAH, comparas a éste con tu hijo y si encuentras unas diferencias notables, sacas la conclusión de que el diagnóstico está equivocado y tu niño no presenta el trastorno. Este razonamiento parte de la premisa de que la hiperactividad se manifiesta de igual forma en todos los que la sufren. Nada más lejos de la realidad. Como se vio en el capítulo anterior, la heterogeneidad de los síntomas es precisamente una de las características más desconcertante de este trastorno. No todos los síntomas están presentes en una misma persona (en realidad, es muy poco frecuente que esto suceda) y algunos de ellos pueden estar más marcados que otros. Además, en cada caso se manifiestan con distinta intensidad. Hay casos leves, otros de intensidad media (moderados) y otros severos. Esto produce una amplia variedad de cuadros clínicos. Lo que en un niño es conducta preocupante y digna de atención terapéutica, puede ser que ni siquiera aparezca en otro, aunque ambos sufran la misma condición. Hay niños que presentan una elevada actividad motora, mientras que la de otros puede ser mucho menos marcada, pero presentan una conducta extremadamente impulsiva. En otros, el hablar en forma incontrolada es el rasgo más marcado. Unos casos aparecen complicados con problemas de aprendizaje o con conducta agresiva; otros no. La actuación irreflexiva de algunos niños puede llegar a poner en peligro su propia vida, al seguir un impulso ciego, mientras que en otros está ausente este riesgo. Hay, en suma, una amplia variedad de manifestaciones del mismo TDAH, que puede desconcertar a quienes no lo conocen debidamente.

Por lo tanto, nunca se te ocurra determinar si tu hijo tiene TDAH comparando su conducta con la de otros niños. Nunca.

Creer que tu niño no es hiperactivo porque puede permanecer quieto en algunos momentos. Este error de juicio proviene de una información muy deficiente sobre el TDAH. Creen algunos que un niño es hiperactivo sólo cuando no permanece quieto un instante, cuando toca sin control y desbarata todo lo que se encuentra a su alcance. Esto es completamente falso. Son muy pocos los niños realmente hiperactivos que caen bajo esta descripción. Sólo exhiben este comportamiento los casos severos, aquellos en que el trastorno se da con gran intensidad. Afortunadamente, son muy pocos estos casos. En algunos casos, este comportamiento es propio, más bien, de los niños cuyos padres no les han inculcado cómo debe ser el comportamiento dentro y fuera del hogar. Mas esto no guarda ninguna relación con la hiperactividad.

El niño hiperactivo promedio puede mantener la atención y permanecer quieto por períodos de tiempo más o menos prolongados, sujeto a que lo que esté haciendo no le requiera esfuerzo mental y le resulte atractivo. A esto se debe, por ejemplo, que pueda ver una película completa o que se sumerja en juegos de vídeo por largo tiempo, pero se le haga difícil hacer los trabajos escolares. Hazte un favor y hazlo a tu hijo: abandona esta imagen estereotipada del niño hiperactivo.

Aceptar que tu hijo tiene TDAH, pero no darle importancia o creer que se le pasará. He aquí otro error fatal. Generalmente, tiene mucho que ver con la falsa creencia de que el problema de este trastorno radica en la hiperactividad del niño, la cual puede molestar a los adultos que tenga alrededor. Algunos padres llegan a creer incluso que la dificultad está en los adultos que se molestan fácilmente y no aceptan al niño "tal como es". Todos estos planteamientos erróneos emanan de una formidable desinformación sobre el tema.

El TDAH encierra unos riesgos potenciales que ninguna persona informada y responsable ha de ignorar. Para no ser repetitivos, remitimos al lector al capítulo IV, en que se resumen los peligros más comunes.

Por otra parte, el TDAH del niño no "se le va a pasar". Por el contrario, éste es un trastorno crónico, cuyos efectos suelen perdurar, con intensidad variable, a lo largo de toda la vida. En la inmensa mayoría de los casos, la excesiva actividad motora suele desaparecer o disminuir significativamente en la adolescencia. Si alguien cree que el TDAH se reduce a un elevado nivel de actividad física, interpretará erróneamente el cambio que observa y deducirá que se acabó el problema. La realidad, sin embargo, está muy lejos de esto. El alto grado de movimiento suele transformarse en una sensación interna de desasosiego y de intranquilidad. Además, la elevada actividad motora nunca fue la esencia del problema; sólo su aspecto más visible. Aunque la persona se mueva menos, el trastorno en sí permanece entero e intacto.

Aceptar que tu hijo tiene TDAH, pero no darle importancia porque tú superaste los mismos problemas. Este es el caso de una serie de padres que se ven retratados en sus hijos y que voluntariamente proporcionan la información de que "yo era así de pequeño". Que esto ocurra no tiene nada raro, ya que sabemos que en el TDAH hay un fuerte factor genético. Mas llegar a concluir que el niño no sufrirá ningún daño significativo a partir de la propia experiencia es otro error de lógica, que, al igual que otros, parte de la falsa premisa de que la manifestación del trastorno es igual en todos los individuos. La forma en que tu niño experimenta el TDAH puede ser muy diversa a la que tú lo experimentaste a su edad. Sus problemas no tienen por qué ser tus mismos problemas y, aunque lo fueran, es una realidad incontestable que sus recursos para enfrentar sus dificultades puede ser muy distintos de los tuyos.

Sucede no pocas veces que quienes creen que no hay gran problema, porque ellos lo han "superado" suelen estar pensando en el aspecto económico de la vida. Su condición de TDAH, si la tienen, no les habrá sumido en la miseria, pero nunca, estimado lector, nunca sabrán estas personas cómo hubiera sido su vida si hubieran recibido el debido tratamiento en el momento adecuado. Por otra parte, la vida no consiste solamente en ser un vendedor exitoso, tener un buen empleo o poseer un negocio. Existe la dimensión afectiva, el mundo de las relaciones interpersonales, el matrimonio, la paternidad y maternidad, la familia... Si se examinaran estas áreas en la vida de las personas que se ufanan de su falta de tratamiento, probablemente comenzarían a dar la cara ciertos conflictos, cuya conexión con el trastorno no diagnosticado ni tratado ha permanecido siempre oculta.

Decidir inmediatamente no darle tratamiento, porque le van a dar medicamentos que lo van a "drogar". Vamos paso a paso. No conviene quemar etapas. Debes posponer tu decisión hasta que tengas información no sólo sobre la totalidad del tratamiento, sino sobre todos los aspectos de este problema. Si decides negar tratamiento a tu hijo en este momento, sin tener el beneficio de que tu decisión sea informada, le puedes causar un daño, quizás grave, y, dada tu ineludible responsabilidad, sobre ti ha de caer el peso de las consecuencias de una determinación hecha a base de la prisa, el desconocimiento y el prejuicio.

En primer lugar, el tratamiento para el TDAH no es sólo médico. Hay una serie de intervenciones con los padres y directamente con los niños que están a cargo de los psicólogos y que nada tienen que ver con la farmacología. En segundo lugar, debes conocer por qué es necesario este tipo de tratamiento, en qué consiste, qué objetivos logra y qué riesgos reales (no imaginados por gentes que nada saben de este tema) conlleva, antes de tomar una decisión. Cuando obtengas esta información, no antes, estarás en condiciones de tomar una decisión responsable. Más adelante en este capítulo, encontrarás una guía básica sobre el tratamiento, que podrás complementar con otras lecturas. Allí verás que muchas de las cosas que se oyen sobre los psicofármacos no son más que supercherías sin fundamento alguno.

De momento, permanece tranquilo. Nadie va a "drogar" a tu hijo. Nadie le va a hacer daño. Después de todo, ahí estás tú para velar por su bien. Mas recuerda que precisamente por ser su guardián gravita sobre ti la responsabilidad de proporcionarle todo lo que le hace falta. Si el diagnóstico es correcto, necesita tratamiento y tratamiento has de darle, si actúas responsablemente.

Considerar que, aunque es cierto lo que se te ha dicho del niño, no hay problema, porque... todos los niños son así. No es necesario ciertamente ser psicólogo para advertir el carácter de auténtico disparate de esta afirmación; basta con ser observador. Quien realmente se fije en el comportamiento de los niños, verá cuanto difieren unos de otros. El temperamento, que empieza a manifestarse desde la cuna, hace a unos plácidos y calmados, mientras que a otros los convierte en inquietos o irritables. El comportamiento infantil es tan variado que continuamente vemos niños tranquilos, enérgicos, mansos, violentos, apáticos, impacientes, traviesos, pacíficos, alborotadores, pasivos, tensos, respetuosos, ruidosos, reflexivos, pendencieros, coléricos, atentos, desafiantes, distraídos... Puedes ampliar la lista, amigo lector, porque se podrían añadir más características. Los seres humanos somos ciertamente extremadamente diferentes unos a otros. Pretender que todos "son" iguales porque sean niños, es un absurdo.

Además, este juicio cae en la desafortunada categoría de las generalizaciones. El más elemental conocimiento de la lógica y del pensamiento racional nos dice que toda generalización es falsa por definición. Los miembros de un grupo (¡y los niños son centenares de millones!) no son iguales en nada. Todas las afirmaciones del tipo "todos los xxx son xxx" son falsas.

No tomarse en serio el diagnóstico porque el TDAH... ¡no existe! Esta desafortunada noción, cuya calidad racional no vamos a comentar, en aras del buen gusto, circula en ciertos ambientes. Consideran algunos que, puesto que "antes" no se tenía conocimiento de tal cosa, se trata de un "invento" de psicólogos y médicos. Es más, en los Estados Unidos un grupo religioso, la llamada *Iglesia de la Cienciología,* mantiene una fuerte campaña antipsiquiatría y trata por todos los medios que se niegue la existencia del TDAH y otros desórdenes. Corresponde a esta organización religiosa haber engendrado y echado a correr la calumnia de que el TDAH ha sido inventado por psiquiatras y psicólogos, financiados por compañías farmacéuticas, para sencillamente hacer una fortuna vendiendo ciertos medicamentos. Lamentablemente, esta difamación ha encontrado eco en la opinión pública.

"Las mentiras tienen que ser grandes, para que las crea la gente". Posiblemente, ésta es la única verdad que dijo Hitler a lo largo de su infausta vida. Es un principio que funciona en la sociedad, por más penoso que resulte admitirlo. A él le funcionó. Seis millones de judíos constituyen la pavorosa evidencia de que nunca faltan quienes se creen las grandes mentiras. Seis millones de vidas fueron sacrificadas para "salvar" a Alemania del supuesto "peligro" que representaba la existencia del pueblo judío. En relación con el TDAH, millones de personas ven ahora cómo su bienestar y su calidad de vida se ven amenazados por la acción irresponsable y censurable de quienes no vacilan en recurrir a los medios a que haya lugar para obtener notoriedad y un lugar en la prensa.

El TDAH se investiga desde principios del siglo XX. Al igual que ocurre con tantas enfermedades, ha existido siempre, pero se desconocía su naturaleza. La investigación científica ha hecho posible su definición. El problema ha estado ahí desde que existe el ser humano, pero hemos aprendido a definirlo y a entenderlo desde hace poco tiempo. La existencia del diagnóstico es una bendición hoy día, puesto que nos permite comprender a muchos seres humanos y nos coloca en posición de poder ayudarles.

La humanidad ha vivido a través de la historia con problemas de salud que no ha podido entender ni definir hasta la aparición de la ciencia contemporánea. Tiempo atrás, un epiléptico o un esquizofrénico eran considerados "endemoniados" y más de uno de ellos ha perdido la vida en el transcurso de grotescos rituales de exorcismo, o bien fueron quemados vivos por su "asociación" con "el diablo". Hoy, estas personas son consideradas como plenos seres humanos y se las trata con el debido respeto a su condición humana. No se las lleva a la hoguera, sino a consultorios médicos. No se las exorcisa, sino que se les administran los compuestos químicos que sus cerebros precisan para funcionar en un nivel adecuado. Tal es la diferencia que ha introducido la ciencia.

Hoy sabemos que una serie de personas actúan de forma impetuosa, quedan crónicamente mal con otros por sus dificultades para medir el tiempo, hablan por los codos o fallan en alcanzar las metas que se habían propuesto, no porque sean vagos, indisciplinados, irrespetuosos o malas personas, sino simplemente porque tienen TDAH, un trastorno que afecta negativamente sus habilidades para planear, organizar y mantener sus actos bajo control.

Por el deber que tienes hacia tu hijo, por respeto a tu propia capacidad intelectual y a la honestidad de cientos de investigadores, no prestes atención a un bulo del tamaño de que no existe el TDAH.

Estos son sólo algunos de los errores que más comúnmente se cometen al recibir un diagnóstico de TDAH. Naturalmente, es imposible tener en cuenta y comentar cada una de las situaciones que pueden darse en estas primeras horas, muchas veces dominadas por la sorpresa o el estupor. Cuando hay dudas del tipo que hemos expuesto, o de cualquier otro género, la clave para tener posibilidades de llegar a buen término es sencillamente no hacer nada en estos momentos. Con estas sospechas, la mayor posibilidad que se te abre es la negación automática del tratamiento. Seguir este camino puede significar para tu hijo la privación de la oportunidad de atender debidamente unos problemas que muy bien sabes son reales. Recuerda; tienes la responsabilidad de proporcionarle todo lo que necesita y que él no puede darse. En este momento, esto significa, al menos, que debes posponer tu decisión hasta que te encuentres debidamente informado. Busca, pues existen recursos de información suficientes para que, más allá de lo que acabas de leer, te cerciores de la realidad del TDAH y puedas eliminar unos reparos improcedentes que proceden de auténticos mitos que, lamentablemente, gozan de cierta popularidad.

Pospón tu decisión hasta informarte tan profundamente como debes. Esto sólo significa para ti que tienes que proceder a leer y quizás consultar más, pero para tu hijo puede representar la diferencia entre una vida plena y una existencia colmada de frustración e infortunio. Esta y no otra, es la forma en que mejor puedes ejercer tu responsabilidad en estos momentos.

2. Cuando hay dudas sobre el diagnóstico.

Además de las dudas que plantean los mitos sobre el TDAH y, en general, sobre el tratamiento psicológico y médico de los niños, se puede presentar la duda de si el diagnóstico que se ha recibido es acertado.

Es ésta una duda legítima. Al no ser profesional de la salud, dependes de lo que te digan estos. Sabes que cualquier ser humano puede errar y quieres tener la certeza de que tu hijo tiene TDAH. Si éste es el cuadro, tu sentir es normal y responsable. En algunos asuntos, necesitamos seguridades y la salud y el bienestar de tu hijo es algo demasiado importante como para proceder sin estar seguro de lo que haces. Debes contar, cuando menos, con una seguridad razonable. Vamos a ayudarte, pues, en esta empresa de verificar que el diagnóstico dado se ajusta a la realidad.

Ni en psicología ni en medicina existe la falsa libertad de llegar a un diagnóstico por los medios que el psicólogo o médico entienda que son suficientes o mejores. Por el contrario, la práctica responsable de estas disciplinas exige que se sigan unos procedimientos establecidos. Dichos procedimientos surgen del conocimiento que la investigación proporciona sobre los trastornos y enfermedades. Seguirlos debidamente garantiza que se están dando los pasos necesarios para verificar si están presentes los elementos que constituyen el trastorno o enfermedad. El diagnóstico surge de los datos que, interpretados por un profesional conocedor de la materia, facilita cada una de las partes de este proceso. Por esto precisamente se habla en las disciplinas de la salud de una "conclusión diagnóstica". Un diagnóstico fiable sólo se encuentra, como conclusión, al final del proceso diagnóstico.

Hay que tener claro que ni en psicología ni en medicina existe un test que nos diga en blanco y negro si una persona sufre TDAH. Se establece el diagnóstico a través de la observación del comportamiento del niño, o sea, verificando que presente una serie de síntomas que están debidamente identificados como propios de este trastorno.

El TDAH cae, pues, dentro de una serie de desórdenes y enfermedades para los que no existe un test específico. Aunque sería ideal que pudiéramos contar con la ayuda de tal test, esto no significa que no se pueda identificar la presencia del síndrome y establecer el diagnóstico. De ninguna forma significa tampoco que el diagnóstico no sea fiable. Lo es, si se han seguido los debidos procedimientos. Tampoco existen tests específicos para el autismo, la enuresis, la enfermedad de Alzheimer, el alcoholismo, la esquizofrenia, la depresión, la enfermedad de Parkinson y otras muchas enfermedades, mas eso no implica que no se puedan identificar y tratar.

Para establecer el diagnóstico de TDAH, hay que seguir un procedimiento establecido y conocido. Veámoslo brevemente.

a. Procedimiento para diagnosticar TDAH.

El proceso diagnóstico del TDAH ha de incluir lo siguiente:

1. *Entrevista del profesional con los padres.* Dicha entrevista debe realizarse preferentemente sin la presencia del niño. En la misma, la exposición por parte de los padres de la razón que los lleva a consulta conducirá a la discusión de los síntomas propios de TDAH que presente el niño. Es muy importante que el profesional examine la presencia de cada uno de ellos y se asegure, en la medida de lo posible, que se dan con una intensidad mayor de lo que es propia para la edad del niño y, sobre todo, que ocasionan algún tipo de perjuicio.

   Es sumamente importante, además, que se obtenga un historial del desarrollo del niño, que incluya el historial de salud, el historial escolar (con especial atención al dominio de las destrezas básicas de lectura, escritura y matemáticas, así como a los hábitos de estudio), una relación de las habilidades particulares que tenga y de las áreas en que experimente mayor dificultad, una apreciación de la calidad de sus relaciones interpersonales y un cuadro resumido del ambiente familiar, con una descripción de cómo se han manejado los problemas que ocasionan la consulta y la actitud de los diferentes miembros de la familia hacia los mismos.

   Es recomendable explorar también si alguno de los padres u otros miembros de sus respectivas familias sufre TDAH o si presenta un comportamiento que pueda sugerir que lo padece. Resulta muy útil igualmente recopilar los señalamientos que otros adultos, muy especialmente los maestros, han hecho sobre el comportamiento del niño a lo largo de los años.

2. *Indagación del comportamiento en el ambiente escolar.* La entrevista con los padres ha proporcionado información sobre la forma en que actúa el niño cuando está con ellos, pero no sobre cómo lo hace cuando está en el colegio. Es imprescindible obtener esta información para cumplir con el requisito diagnóstico de que el niño ha de exhibir los

síntomas en dos ambientes diferentes. Por lo tanto, el profesional ha de indagar forzosamente el comportamiento del niño en el ambiente escolar, obteniendo la información directamente de las fuentes correspondientes: los maestros.

Dadas las dificultades que puede plantear comunicarse personal o telefónicamente con los maestros, la mejor forma de hacer esto es mediante formularios o escalas que se hacen llegar a los profesores por medio de los padres. Estos documentos dan la oportunidad de cuestionarles sobre los comportamientos específicos que interesa conocer. Además, los maestros pueden expresarse tan ampliamente como deseen sobre el estudiante.

3. *Administración de pruebas y observación de conducta.* La fase de la evaluación en que se trabaja directamente con el niño puede comprender una entrevista con el mismo, que será más breve o extensa de acuerdo a la edad de éste y la naturaleza de los problemas que lo llevan a consulta. Es común que se le administren también algunos tests, con diferentes propósitos.

Las pruebas conocidas como *tests de ejecución continua* representan una excelente ayuda en la exploración del TDAH. Las versiones actuales vienen en forma computarizada, lo que permite efectuar mediciones que serían imposibles sin la ayuda de la tecnología actual. El *Gordon Diagnostic System* (GDS), de Michael Gordon, que se administra en una máquina portátil, proporciona información sobre la habilidad para sostener la atención y para ejercer autocontrol. Keith Conners es el autor del *Conners' Continuous Performance Test*, que se administra en un ordenador y evalúa los problemas de atención en personas de 6 años en adelante.

Aunque no aporta elementos de juicio para verificar que existe TDAH, sigue siendo recomendable administrar una prueba de desarrollo intelectual. Por una parte, se tiene el beneficio de poder observar el comportamiento del niño y su interacción con el examinador, lo que puede proporcionar valiosos datos, y, por otra, el perfil intelectual obtenido puede identificar posibles áreas de escaso desarrollo, que pueden estar ocasionando una parte de los problemas presentes.

Tanto la entrevista con el niño como el tiempo dedicado a administrarle las pruebas, proveen la oportunidad de observar el comportamiento de éste. Es común que el profesional pueda notar en este proceso los rasgos propios del TDAH. Sin embargo, puede ocurrir que estos no se manifiesten o lo hagan en escasa medida. Cuando tal cosa ocurra, no significa de modo alguno que haya que descartar la posibilidad de que sufra el síndrome, ya que está documentado que la manifestación de síntomas depende de la severidad del caso y del ambiente en que se encuentre el niño. Muchos niños, sobre todo de corta edad, suelen acudir a la oficina del profesional asustados o preocupados, aparte de que la presencia del extraño (que además se les presenta como todo un doctor) y el hecho de encontrarse en un lugar nuevo para ellos, son elementos que facilitan la inhibición de síntomas. No es raro que no se advierta la presencia de síntomas en las primeras sesiones, pero que más tarde, cuando el niño haya cogido confianza, aparezcan en su plenitud.

4. *Examen médico.* Lo realiza generalmente el pediatra y va dirigido a descartar la posibilidad de que el comportamiento del niño pueda deberse a algún problema de salud, como pudiera ser un envenenamiento con plomo o un trauma craneal. Se deben descartar posibles cuadros de epilepsia, de hipotiroidismo y de hipertiroidismo, si existiera alguna duda al respecto. El examen debe incluir una evaluación básica de la visión y la audición. Si no hay sospechas de que pueda

haber alguna enfermedad, no hay razón para efectuar exámenes más complejos y costosos

b. Entonces... ¿tiene mi niño TDAH?

Ahora dispones de elementos de juicio para contestarte esta pregunta. El ejercicio es sencillo. ¿Se han seguido estos procedimientos en la evaluación de tu hijo? Si la respuesta es afirmativa y el niño exhibe los rasgos de conducta propios del TDAH, no hay razón para dudar del diagnóstico. Mas si se ha omitido algún punto sustancial del proceso, puede ser que no puedas dar por concluida la etapa diagnóstica.

Entiéndase bien que si persisten las dudas sobre el diagnóstico en este momento, incluso si descubres que no se siguió el procedimiento adecuado, esto no indica que el niño no tiene TDAH. Esto sólo significa que hay que asegurarse de hacer bien lo que hasta ahora se ha realizado de una manera imperfecta. Al recurrir a los servicios de un profesional, esperabas aclarar tus dudas y empezar a hacer algo por tu hijo. Puede ser que ahora te sientas como antes de decidirte a hacer la cita. Bien, si tus reparos son fundados (y sólo si lo son), es comprensible que te sientas frustrado y con coraje.

¿Qué hacer ahora? ¿Cuál es el próximo paso? Puede ser que sientas deseos de regresar al profesional, cantarle tu opinión y exigirle que vuelva a hacer su trabajo, pero siguiendo los procedimientos establecidos y sin cobrarte nada, claro. Definitivamente, ésta es una de tus posibilidades, pero te invito a que analices desapasionadamente la situación y veas los inconvenientes que te puede representar seguir tal curso de acción.

Con toda probabilidad, el profesional a que recurriste ha hecho lo que sabía hacer. Llegar a dominar el mundo del TDAH implica muchas horas de lectura y estudio, así como mantener el interés en el tema vivo a través del tiempo. No es lógico pensar que disponía de estos conocimientos y no ha actuado como se esperaba por pura irresponsabilidad. No, seguramente su actuación ha estado a la altura de sus conocimientos. Esperar que tú, que no eres profesional, le puedas convencer de que ha seguido un procedimiento inapropiado y que, en consecuencia, se ponga a leer y a enterarse de lo que desconoce para reprogramarse y volver a examinar a tu hijo, es esperar demasiado. Y aun si se diese este pequeño milagro, ¿crees que, después de tu reclamación, tu relación con él reunirá las condiciones mínimas necesarias como para que podáis conversar reposadamente sobre lo que le ocurre al niño y la mejor forma de remediarlo? ¿Te ofrecerá confianza su opinión profesional, después de que haya aceptado, explícita o implícitamente, que no siguió el procedimiento indicado? ¿Le seguirás confiando el bienestar de tu hijo? Si te contestas sinceramente estas preguntas, llegarás a la conclusión de que la reclamación no te va a resolver nada, te va a ocasionar otros problemas y va a retrasar el momento en que tu hijo comience a recibir la ayuda que necesita. La situación requiere que te muevas rápidamente, pero en una dirección que te permita llegar, en pro de tu responsabilidad, a la meta de atender a tu hijo en el menor tiempo posible y sin añadirte la carga de problemas evitables.

De este modo, conseguir una segunda opinión representará probablemente la mejor opción posible. Mas como no es cuestión de exponerte a sufrir por segunda vez la misma situación, veamos cómo puedes llegar, con una seguridad razonable, al profesional que buscas[6].

3. Cómo buscar una segunda opinión.

Es fundamental que quede meridianamente claro que buscar una segunda opinión sólo es aconsejable en algunos casos específicos y cuando hay razones objetivas, más allá de las suspicacias de un padre receloso, para dudar de la impresión diagnóstica recibida. No debe recurrirse nunca a este procedimiento de forma indiscriminada y rutinaria.

Encontrar un profesional de la salud especializado en TDAH requiere las mismas gestiones que hacemos cuando deseamos encontrar un buen cirujano, un mecánico especializado en una marca automovilística particular o un abogado que sea perito en un área específica. En estos casos, buscamos referencias y hacemos indagaciones para hallar la persona idónea.

No se ha de descartar preguntar a familiares y amistades, pero hay que estar conscientes de que esto puede ser un arma de doble filo. Puede darse el caso de que el hijo de la otra persona sufra efectivamente TDAH y esté recibiendo o haya recibido el tratamiento adecuado de manos de un profesional competente. Si éste es el caso, puedes haber encontrado lo que buscabas. Mas hay que tener en cuenta que las personas no siempre saben cómo valorar el trabajo profesional y desarrollan simpatías o antipatías atendiendo a criterios ajenos a la competencia profesional. Si no escuchas estas opiniones críticamente, corres el riesgo de que cualquier allegado te recomiende ardorosamente a alguien simplemente porque está cautivado por sus dotes de cordialidad y su habilidad para mantener excelentes relaciones interpersonales. Pero estas cualidades no van a jugar ningún papel en el momento de diagnosticar o dar terapia a tu hijo. Como también te puede ocurrir lo contrario: que se te desaconseje un buen profesional porque, por cualquier razón, no le caiga muy bien a quien recomienda.

Una buena alternativa es preguntar a otros profesionales sobre quiénes son especialistas en TDAH. Además, en la guía telefónica de muchas ciudades aparecen profesionales que anuncian esta especialidad, o informan que atienden a la población infantil.

Sea por recomendaciones, por la guía telefónica o por cualquier otro medio, es muy conveniente que explores por teléfono los nuevos candidatos a examinar a tu hijo, a fin de minimizar la probabilidad de un segundo desengaño. Siéntete en la libertad de hacer una serie de preguntas dirigidas a establecer la idoneidad del profesional. No sólo estás en tu derecho a actuar así, sino que estarás ejerciendo adecuadamente tu responsabilidad y estarás dando la imagen propia de un usuario de servicios informado. Puedes indagar los siguientes puntos específicos.

- ¿Atiende el profesional posibles casos de TDAH?
- ¿Con qué frecuencia ve casos de TDAH? ¿Son estos la parte principal de su práctica, cierta parte de la misma, o bien sólo los atiende ocasionalmente?
- ¿Cómo es, en general, el procedimiento que se va a seguir si se hace cita?
- ¿Se llevará a cabo una entrevista con los padres?
- ¿Qué cuestionarios o escalas se usarán para obtener información de los maestros?
- ¿Se dará algún test de ejecución continua? ¿Cuál? Si la persona que te atiende no entiende el significado de "ejecución continua", pregúntale simplemente si empleará algún test que se coge en computadora.
- ¿Qué otras pruebas suelen administrarse?
- ¿Tendrá el informe una conclusión diagnóstica expresada con toda claridad? ¿Cuánto tardarán en entregárselo?
- ¿Se da terapia en ese centro, si el niño la necesita?

Si se te pregunta la razón de estas preguntas, contesta la verdad: quieres asegurarte que estás seleccionando un especialista en el tema.

Mal indicio será si el profesional muestra señales de incomodidad por estas preguntas. Si esto ocurre, pudiera ser indicativo de diversas cosas. Pudiera ocurrir que esté percibiendo que las respuestas que le estás forzando a dar tienden a excluirle como consultor. O bien puede ser que estés hablando con alguien con un sentido de autosuficiencia tan desproporcionado que le molesta que se indaguen sus credenciales. Quizás sea mero fastidio por la falta de costumbre a que lo interroguen quienes van a usar sus servicios, lo que no sería extraño, dada la escasa formación que tienen muchas personas para seleccionar especialistas. Sea lo que sea, lo que te interesa es la respuesta a tus preguntas.

Con la información obtenida, estarás en condiciones de hacer la mejor selección. Por supuesto, esta orientación es válida también para cualquier persona que vaya a evaluar a su hijo por primera vez.

Al asistir a la cita, debes llevar copia de la primera evaluación, así como de cualquier otro documento que tenga que ver con las dificultades que experimenta tu hijo. Exprésate con sinceridad, manifiesta todas tus dudas, no silencies ninguna pregunta, expón todas tus expectativas y... ten confianza en un profesional que se ha preparado largamente para saber qué decirte y qué hacer.

4. Preguntas frecuentes sobre el diagnóstico.

- *Sospecho que mi hijo puede tener TDAH. ¿Debo ir a un psicólogo o a un médico?*

Tanto los psicólogos como los médicos están obligados a seguir el mismo procedimiento diagnóstico. Por lo tanto, en términos del diagnóstico es indiferente recurrir a una u otra profesión. El psicólogo recomendará una consulta médica si entiende que es necesaria como parte del proceso diagnóstico y, con toda seguridad, para el tratamiento médico. Los médicos no efectuarán una evaluación del desarrollo intelectual, pero ya indicamos que ésta es conveniente, aunque no imprescindible. En el caso de los psicólogos, debe asegurarse de que trabaje con población infantil y con casos de TDAH.

- *¿Pueden diagnosticar los psicólogos el TDAH?*

Los psicólogos clínicos y escolares pueden diagnosticar TDAH, así como otros trastornos propios de la niñez y la adolescencia. La creencia aún presente en algunos psicólogos de que han de solicitar una evaluación neurológica para que sea el neurólogo quien establezca el diagnóstico es falsa. Presupone que el neurólogo dispone de medios de investigación de los que carece el psicólogo, lo que está lejos de la verdad.

- *Si es el niño quien tiene el problema, ¿por qué se habla tanto con los padres?*

Esta pregunta, que algunas veces es más objeción que pregunta, parte de la falsa premisa de que el TDAH cae en la categoría de las enfermedades comunes. Cuando una persona tiene pulmonía, taquicardia, miopía o faringitis, el médico la examina a ella sola, no a la familia. Tal proceder es correcto en estos casos, ya que son los individuos quienes sufren enfermedades particulares. Mas el TDAH no es una enfermedad propiamente dicha. Aunque es un trastorno con base orgánica, su manifestación es conductual y su diagnóstico se establece por medio del análisis de la conducta observable. Un niño no puede suministrar información sobre su historial prenatal y perinatal, como tampoco sobre las distintas facetas de su desarrollo, elementos que son fundamentales, como hemos visto, para establecer la presencia del trastorno. Además, la información que proporcionan padres y maestros es vital para establecer que los síntomas se dan en ambientes distintos y, de esta forma, trazar un historial de presencia de los mismos a través de distintas edades. Todo esto es esencial para determinar si el niño padece TDAH. La naturaleza de este trastorno requiere, pues, que la exploración clínica se efectúe de forma muy diferente a la que es de rigor en las enfermedades.

- *En el informe de la evaluación que un psicólogo le hizo a mi hijo, veo que sólo le dio la prueba Wechsler. Lo notó distraído e inquieto. ¿Basta esto para decir que el niño tiene TDAH?*

No, de ninguna forma. El psicólogo, al igual que los otros profesionales capacitados para establecer este diagnóstico, debe seguir el procedimiento actualmente reconocido para llegar a una conclusión. Esto no implica que el niño no tenga TDAH, sino sólo que hay que hacer una evaluación siguiendo los debidos procedimientos.

- *El profesional que atendió a mi hijo, habló conmigo primero y luego entrevistó al niño. ¿Basta esto para decir que tiene TDAH?*

    No. Es obligatorio seguir los pasos del procedimiento para establecer un diagnóstico. Aclaremos, no obstante, que un profesional con larga experiencia puede notar, con escaso margen de error, que el niño padece el trastorno, sobre todo en casos que presentan cierta severidad. Mas esto no es suficiente. Es necesario proceder a verificar y oficializar esa impresión mediante una evaluación que se atenga al procedimiento establecido.

- *El profesional se reunió con el niño y hasta le administró algunos tests. Me dijo que no hay TDAH porque lo notó tranquilo. No vio ningún síntoma. ¿Es esto confiable?*

    No, de ninguna forma. Los profesionales que están al tanto de la literatura científica sobre el TDAH saben que puede ocurrir que el niño no presente los síntomas de su trastorno durante la entrevista. No haber presenciado el comportamiento típicamente hiperactivo durante el tiempo que dura una entrevista no puede ser considerado nunca como criterio para decidir si el niño tiene el trastorno.

- *En el informe de la evaluación, veo que se le dieron a mi hijo tests proyectivos. El psicólogo le hizo dibujar una persona y una familia. ¿Era esto necesario?*

    No. Los tests proyectivos no forman parte de ningún protocolo de evaluación del TDAH. Ahora bien, la situación es muy distinta si se han usado además de los tests indicados, o si se han empleado en sustitución de los mismos. En el primer caso, entendemos que hay que respetar la libertad del psicólogo para investigar todas las áreas que entienda es su responsabilidad indagar. Si se trata del segundo caso... Bueno, es evidente que vas a tener que encontrar a alguien que sepa de TDAH.

De todas formas, vale la pena señalar que esta clase de tests no figura en ninguno de los procedimientos que recomiendan los expertos más reconocidos.

- *El examen que le han hecho a mi hijo no incluyó un test de ejecución continua. ¿Debía habérsele dado?*

Habría sido conveniente, pero no es imprescindible. Estos tests representan una valiosa ayuda para el diagnóstico, pero no todos los consultorios psicológicos o médicos los tienen. Si se han seguido todos los pasos del procedimiento diagnóstico, uno de estos tests hubiera significado una adición útil, pero no imprescindible.

- *En el informe de la evaluación, veo que mi hijo salió bien en el test de ejecución continua. Sin embargo, se le diagnosticó TDAH. ¿Es esto correcto?*

Sí. Ya se ha señalado que no existe una prueba específica para el TDAH. Ni los tests de ejecución continua lo son. No son instrumentos infalibles. Por el contrario, pueden dar "falsos negativos", situación que se produce cuando el resultado de un test (éste o cualquier otro) es negativo, aunque la persona padece el trastorno o enfermedad. La interpretación de los resultados del test ha de estar integrada en la interpretación global de todos los medios de evaluación. Corresponde al especialista hacer dicha interpretación, gracias a los conocimientos de que dispone.

- *A mi niño le han hecho un electroencefalograma y salió normal. ¿Qué significa esto?*

Sólo significa que el niño no presenta en este momento cualquier anormalidad que pueda detectar un encefalograma. Si efectivamente padece TDAH, se espera precisamente que éste salga normal. Este resultado no implica de ningún modo que no tenga el trastorno, cosa que hay que averiguar por otros medios. Si el neurólogo ha mandado hacer el electroencefalograma, es muy probable que no haya sido para ayudarle a determinar si existe TDAH, sino para asegurarse de que no existan otras disfunciones neurológicas, como podría ser epilepsia.

5. Cuando hay dudas sobre el tratamiento.

Las dudas que pueden darse después de haber recibido un diagnóstico pueden extenderse al tratamiento, sobre todo cuando una parte de éste es médico. Muchos padres no están preparados ni para enfrentar un tratamiento que puede ser extenso ni para medicar a sus hijos. Quizás pensaron que unas cuantas terapias de parte del psicólogo bastarían para solucionar las dificultades que venía confrontando el niño. Se les hace difícil, por lo tanto, visualizar y aceptar el nuevo cuadro que se abre ante sus ojos.

Esto o cualquier otro tipo de incertidumbres que puedan darse, son normales y legítimas. Si las tienes, puedes considerarlas muy naturales. Hasta ahora, no has tenido ninguna obligación de estar informado sobre este tema. Hasta ahora. Desde el instante en que se te ha dicho que tu hijo padece un trastorno que puede tener unas consecuencias insospechadas, el panorama ha cambiado drásticamente. Ahora es el momento de hacer un alto en el camino, recapacitar, volver a sentir el peso de esa responsabilidad de padre que tienes y actuar en consecuencia. ¿Cómo? Informándote, a fin de que tus decisiones, las que tienes que tomar en lugar de tu hijo, sean acertadas y no se transformen en otro obstáculo más en la vida del niño. Las dudas son normales en un determinado momento y por un corto espacio de tiempo, pero se tornan funestas e injustificables cuando nos acompañan por un tiempo excesivo.

Puesto que el TDAH es un trastorno neurobiológico que tiene repercusiones en el comportamiento, el tratamiento tiene que ser interdisciplinario (multimodal, lo llamamos en la jerga profesional).

La mitad del tratamiento es psicológico, mientras que la otra mitad es médico.

a. El tratamiento psicológico.

Si, como ya se ha expuesto, el TDAH es un trastorno heterogéneo, que se manifiesta de formas diversas en quienes lo presentan, no se ha de pensar que existe un tratamiento psicológico único para todos los casos, que se pudiera aplicar indiscriminadamente una vez que exista un diagnóstico. Si el trastorno es heterogéneo, el tratamiento también habrá de serlo.

Para diseñar el tratamiento adecuado, es necesario haber establecido previamente, en la evaluación diagnóstica, el perfil del niño, o sea, hay que haber precisado cómo se manifiestan específicamente en él los síntomas. Esto permitirá esbozar el tratamiento adecuado para él, sin cometer el error de tratar una sintomatología que no está presente y dirigiéndose directamente a las áreas que se encuentran afectadas.

Ahora bien, cualquier plan de acción que se diseñe, ha de incluir dos componentes fundamentales: terapia del niño y adiestramiento de la familia.

- *Atención terapéutica del niño.* El trabajo terapéutico con el niño comienza con informarle que sufre TDAH. Esto se hará, naturalmente, de acuerdo a su edad. Es muy conveniente que los padres y el psicólogo hayan determinado previamente cómo se va a proceder. En mayor o menor grado, los padres deben estar involucrados en esta comunicación. Es preferible, aunque no imprescindible, que sean los padres quienes se reúnan con el niño y le expliquen lo que sucede. Para ello, han de estar familiarizados con lo que han de exponer. Si no se sienten seguros, les puede ser de utilidad una reunión en que el psicólogo les entrene y se establezca lo que le van a decir al niño y cómo se lo van a decir.

Una vez informado el niño, la terapia tiene un propósito a corto plazo y otro a largo plazo. Por una parte, se ha de prepararle para que pueda manejar adecuadamente los problemas que confronta, tanto aquellos causados directamente por el TDAH como los desencadenados en el medio ambiente como consecuencia de su comportamiento.

Como ya se ha dicho, cada programa terapéutico es único, ya que responde a las necesidades particulares de un niño determinado. Sin embargo, hay unos componentes que aparecen frecuentemente. Comentémoslos brevemente.

El psicólogo se puede ocupar de enseñar *destrezas de trabajo y organización*, de forma que el niño pueda combatir su tendencia a la postergación y programar sus labores para que obtenga un resultado óptimo de sus esfuerzos. *El sentido y manejo del tiempo* suele ser zona de desastre, por lo que se le pueden proporcionar medios que le permitan dominarlo de una manera más eficiente. En una palabra, se puede ayudar a muchos que tienen TDAH a manejar el eterno "despiste" que los caracteriza.

El *manejo de las emociones* es otra área que a menudo reclama intervención terapéutica. Existen recursos para ayudar a disminuir ese tono emocional elevado que con frecuencia se encuentra asociado con el TDAH. Dada la estrecha relación existente entre nuestros pensamientos y nuestras emociones, la psicología cognitiva dispone de excelentes medios para ayudar al niño a desarrollar mayor control sobre sus emociones. En este contexto, resulta esencial ayudar a mejorar el *nivel de tolerancia a la frustración*, tan bajo en muchos de estos niños, de modo que puedan enfrentarse adecuadamente a los contratiempos, grandes y pequeños, que se les presenten.

El campo de las *destrezas de interacción social* es otra área que amerita intervención con bastante frecuencia. Un tratamiento que combine instrucciones para que el niño pueda modificar su conducta con terapia cognitiva encaminada a modificar su sistema de conceptos sobre cómo relacionarse con los demás y manejar situaciones problemáticas, puede tener excelentes posibilidades de éxito.

La *autoestima*, en fin, es un área con la que casi siempre hay que trabajar. No obstante y afirmando siempre la necesidad de hacerlo, es de notar que el concepto que de sí mismo tiene el niño mejorará automáticamente a medida que vaya comprobando que sus esfuerzos son más efectivos y que vaya viendo que los que están a su alrededor lo valoran y tratan de forma diferente.

La terapia con el niño puede dirigirse igualmente a tratar cualquier otro aspecto del comportamiento que se encuentre afectado. Si es necesario efectuar otras intervenciones, éstas deben desprenderse del perfil del niño obtenido en la evaluación.

Ya que en una mayoría de casos subsisten los síntomas a través de toda la vida, el tratamiento debe ocuparse, a más largo plazo, de preparar a ese niño, que un día se convertirá en adolescente y más tarde se transformará en adulto, a vivir en compañía de esas características especiales que tiene, de forma que sepa manejarlas y dominarlas. En caso contrario, será él quien resulte manejado y dominado, lo que para algunos puede significar pagar una factura de alto costo.

- *Adiestramiento de la familia.* Para curarnos muchas enfermedades, basta con seguir estrictamente el tratamiento que se nos ha puesto. Hemos de acordarnos de tomarnos las pastillas o inyectarnos a la hora que corresponda, seguir todas las otras instrucciones del médico y... eso es todo. Informarnos de lo que le ocurre a nuestro estómago, a nuestro corazón o a nuestros pulmones, nos viene muy bien para aumentar nuestro conocimiento del organismo, pero este conocimiento no adelanta nuestra curación.

Sin embargo, no se pueden manejar satisfactoriamente otras enfermedades si no se cuenta con la información debida sobre las mismas, especialmente por parte de los que rodean al enfermo. Esto ocurre, por ejemplo, con la enfermedad de Alzheimer. El manejo óptimo de ésta no se circunscribe a lo que se puede hacer con el enfermo, sino que incluye la acción de la familia en su favor, aprendiendo cómo ha de tratarle y cómo ha de ir adaptándose al progreso de la enfermedad. Esto se consigue mediante un adiestramiento, por medio del cual la familia obtiene la información necesaria para actuar según se espera.

Lo mismo ocurre con el TDAH, aunque de forma más marcada. *El adiestramiento de la familia es parte del tratamiento.* No es un añadido a éste, sino parte integral del mismo y, además, una parte fundamental. No se puede tratar a un niño hiperactivo si no se trata a la familia.

Este adiestramiento incluye tres componentes principales: información sobre el trastorno, modificación de las actitudes hacia el niño y de la forma en que se lo atiende y adquisición de nuevas formas de manejo del comportamiento del niño.

La *información sobre el TDAH* (que ya estás obteniendo mediante la lectura de este libro), tiene el efecto de facilitar a los adultos, principalmente a los padres, un cambio en la perspectiva desde la que viven su situación, esclareciendo la naturaleza de los conflictos que se dan a diario y de las razones a las que se debe el comportamiento del hijo. Si no hay variación en la comprensión que se tiene de lo que está ocurriendo y persisten las explicaciones improvisadas e irreales, huelga todo lo demás y se puede esperar que el tratamiento, si alguno, no produzca los efectos deseados.

En los últimos años, ha aparecido en los países de habla española un buen número de asociaciones de padres de niños hiperactivos y profesionales especializados, que representan una excelente oportunidad para las personas que quieren informarse, conocer a otros padres que tienen sus mismos problemas e incluso ayudar a otros. Estas organizaciones suelen celebrar reuniones informativas y actividades dirigidas a servir de apoyo a los asistentes. Actualmente, son un magnífico recurso para los padres y otros adultos interesados.

Como consecuencia de la nueva perspectiva que se adquiere sobre el niño y la situación familiar en general, se debe producir una *modificación de la forma en que la familia trata al hijo hiperactivo*. Ha de darse la disciplina, pero en una nueva dimensión, marcada por el autocontrol paterno, la comprensión, la comunicación y el afecto. La relación con el niño pasa a darse bajo el signo de la comprensión de la sintomatología de éste y la tolerancia de la misma. Bajo ningún concepto se concede al pequeño licencia para actuar a su antojo e incurrir en comportamientos reprobables, pues nunca se ha de esgrimir el TDAH como pretexto para la conducta inaceptable. Mas, al mismo tiempo, se comprenden sus esfuerzos, incluso cuando estos no produzcan el resultado apetecido, se le corrige y se le anima.

Por último, los padres (y otros miembros de la familia, en la medida en que resulte necesario) han de aprender *nuevas formas de manejar la conducta infantil*. Nuevas, porque la tradición nos ha legado unos métodos que nada tienen que ver con estos. Son precisamente los métodos tradicionales los que tantas familias han estado aplicando sin éxito. Estas técnicas de modificación de conducta no son difíciles de aprender, sobre todo si los padres están animados por una auténtica voluntad de cambio. Los psicólogos debidamente adiestrados en el manejo de la conducta infantil son el recurso primordial para aprenderlas. Además, es muy importante que su aplicación esté supervisada de cerca durante los primeros tiempos por un psicólogo. La falta de un conocimiento profundo de las técnicas y la inexperiencia en su uso pueden llevar al fracaso fácilmente un programa que podría haber tenido éxito si hubiera sido debidamente supervisado[7].

La *estructura de la familia* es un factor que ayuda o entorpece en gran medida la evolución necesaria para ayudar a los niños hiperactivos. Esta ayuda resulta muy dudosa en el contexto de la familia patriarcal tradicional, por muchos esfuerzos que se pongan en darla. Es, sin embargo, muy factible en el contexto de una familia democrática, dominada por la flexibilidad y unos valores racionales.

En la *familia patriarcal* tradicional, impera la jerarquía, que determina la relación de unos miembros con otros según el rango que ostenten, y se sigue una ética de la autoridad, en la que sólo se espera sumisión y obediencia de los de abajo. El hombre domina sobre la mujer, mientras que los hijos están sometidos a ambos.

En una *familia democrática*, domina la igualdad entre todos los miembros y se sigue una *ética de la responsabilidad*, en la que se espera que cada miembro cumpla con sus obligaciones, definidas de forma no-sexista. Las relaciones se fundan en el respeto mutuo y se caracterizan por la comprensión y la flexibilidad.

Nuestras familias se insertan en algún punto entre estos dos extremos. Cuanto más cercana se encuentre una familia al polo patriarcal, menores serán las posibilidades de evolucionar al punto que se pueda ayudar al niño hiperactivo, mientras que, a la inversa, cuanto más próxima se encuentre al extremo democrático, mayores serán las posibilidades de ayudarle.

En resumen, los estilos tradicionales de crianza están reñidos no sólo con los estilos educativos y de interacción familiar precisos para un tratamiento efectivo del TDAH, sino con las condiciones necesarias para que cualquier ser humano se desarrolle plenamente, en armonía y sin conflictos.

b. El tratamiento médico.

Hemos llegado al punto que más controversias, dudas y ardores despierta en el tema que nos ocupa. Tratemos de examinarlo de forma desapasionada y objetiva.

A modo de preámbulo, fijémonos un instante en el tratamiento farmacológico general de los niños. No es noticia que a lo largo de la historia de la medicina se han tratado siempre tanto los adultos como los niños. Que se den jarabes, pastillas, inyecciones y supositorios a los niños no es ciertamente nada nuevo. Sería absurdo cuestionar la eficacia de proporcionar tratamiento médico a los niños. Gracias a la disponibilidad de los medicamentos, se han salvado infinidad de vidas y se han curado enfermedades sin cuento. La mortalidad infantil ha disminuido de forma significativa. En una palabra, nuestros niños gozan de mejor estado de salud ahora que en cualquier momento antes de la historia, logro que se debe a los avances efectuados en la medicina y la farmacología.

¿Vacilas cuando tienes que dar un medicamento a tu hijo para el estómago, el corazón o los pulmones? ¿Lo ves acaso como una amenaza a la salud del niño? ¿Por qué entonces no aplicar la misma lógica a todo tratamiento médico?

- *Necesidad.* Veamos primero por qué es necesario el tratamiento médico. La respuesta, en este momento de nuestra exposición, es simple y clara: porque el TDAH es un trastorno biocomportamental. Tan simple como eso. Tiene que ver con unas disfunciones y anomalías cerebrales y, por lo tanto, es necesario llegar a la fuente del problema, lo que sólo se puede conseguir mediante compuestos químicos.

  Si tienes claro lo que se expuso en el Capítulo I sobre la naturaleza del trastorno, tienes la respuesta a la pregunta sobre la razón de ser de la medicación. Se vio que están implicados tanto unos procesos químicos deficientes como diversas estructuras cerebrales, especialmente la región prefrontal. Tanto las unas como las otras desempeñan una función significativa en la regulación del comportamiento y de la atención, en el control de los impulsos y, en general, en la habilidad para planificar, organizar y supervisar la propia actividad. Si estos mecanismos se encuentran afectados, es lógico que se intente restituirlos a un nivel de funcionamiento adecuado mediante los únicos instrumentos que pueden llegar hasta ellos: los medicamentos.

Ni los mejores actos de padres y maestros, ni el mejor programa de modificación de conducta conseguirán grandes resultados si se estrellan contra la barrera que representan las disfunciones de la química cerebral y en la zona prefrontal. Es necesaria la intervención de unos agentes químicos que ayuden a lograr un funcionamiento adecuado de los mecanismos cerebrales implicados. Para manejar satisfactoriamente los problemas de comportamiento que preocupan a padres y maestros, no hay más remedio que ir a la raíz del problema.

Sólo se puede considerar la posibilidad de aplazar el tratamiento médico en los casos leves. Una serie de ellos responde bien a la terapia conductual, por lo que la farmacoterapia no resulta indispensable. No obstante, se le debe dar a la primera un plazo prudente para que introduzca una mejoría significativa en los problemas existentes. Si se ve que esta terapia sola no produce los efectos deseados, se debe recurrir de inmediato al tratamiento farmacológico.

- *En qué consiste.* Actualmente, disponemos de diferentes opciones para el tratamiento farmacológico del TDAH, de modo que es razonable pensar que existe una alternativa que se acomode a las exigencias particulares de cada organismo.

Los *estimulantes* constituyen la opción de tratamiento preferente. Estos fármacos, cuando se administran en las dosis correctas, tienen el efecto de mejorar sustancialmente la acción de los neurotransmisores, a la vez que parecen ayudar a que la región prefrontal del cerebro mantenga un funcionamiento adecuado. Como consecuencia, se observa una disminución de la sintomatología y, mientras dura su efecto, la persona se encuentra en posición de obtener autocontrol. Se han informado mejorías significativas en la atención, la memoria de trabajo, la motricidad fina, la actividad motora, el control emocional, las relaciones interpersonales y diferentes aspectos del trabajo escolar.

Ritalin (metilfenidato), conocido como *Rubifén* en algunos países, viene a ser el más conocido de todos los estimulantes. Además, se usa la *dextroanfetamina*, la *amfetamina-dextroanfetamina* y la *pemolina*. Los nombres comerciales de estas sustancias varían entre los diferentes países. En el mercado hay también otros medicamentos cuya acción se extiende por un día completo, con lo que se elimina la necesidad de tomar varias tabletas al día. Además, se sigue trabajando para producir otros remedios de naturaleza distinta a los ahora conocidos.

Los *antidepresivos* pertenecientes al grupo de los tricíclicos son otra opción de tratamiento. Generalmente, se emplean en casos que han presentado reacciones adversas a los estimulantes o que también sufren depresión. Aunque no han sido diseñados para el tratamiento del TDAH, actúan sobre los neurotransmisores, por lo que producen efectos positivos en los síntomas de éste.

Existen, además, otras opciones de tratamiento farmacológico, pero no gozan de la misma aceptación que las mencionadas.

- *Efectos secundarios.* He aquí el mayor cuco que la mitología popular ha creado en torno al tratamiento farmacológico del TDAH. Para conjurarlo debidamente, comencemos por examinar qué son los tan traídos y llevados efectos secundarios.

Un medicamento está hecho para combatir una enfermedad de una forma específica. Actúa sobre un órgano o sistema de forma tal que produce la curación, siempre que sea posible, o el control de la enfermedad. Los medicamentos poseen efectos terapéuticos y por eso precisamente los usamos. Ahora bien, sucede que cuando tomamos uno de ellos, sea por la vía que sea, lo asimila el organismo en su totalidad y no se puede evitar que, a veces, otro órgano, sobre el que no se pretende actuar, reaccione de forma independiente y haga cosas que no estaban previstas y no se desean. Estas reacciones adversas que en algunas ocasiones acompañan a un tratamiento, reciben el nombre de efectos secundarios.

No hay medicamento que no pueda causar efectos secundarios. Esta realidad farmacológica no impide, sin embargo, que los usemos a diario. Si no lo hiciéramos, tendríamos la alternativa de una vida llena de dolencias, mucho más breve de lo que es promedio vivir hoy en día, y la muerte, que podría salir al paso en cualquier momento. Así que usamos la Medicina moderna y nos beneficiamos de sus adelantos, que nos han proporcionado la vida más extensa y de mejor calidad que se ha conocido en la historia.

Ahora bien, repara, amigo lector, en que hemos afirmado que los medicamentos *pueden tener* efectos secundarios. Uno de los errores más difundidos sobre la acción de los fármacos es la idea de que un medicamento tiene inexorablemente efectos secundarios, de modo que cualquiera que lo reciba está condenado a sufrir esas consecuencias no deseadas. Nada más lejos de la realidad. Un medicamento produce efectos adversos sólo en algunos individuos. Esto explica que en un grupo de personas sometidas al mismo tratamiento, unas no experimenten ningún problema, incluso si lo toman a lo largo de sus vidas, mientras que otras presenten reacciones leves y otras severas. Estas últimas son los que suelen abandonar el tratamiento, si hay otro disponible. En el caso de algunas enfermedades, los tratamientos pueden tener efectos secundarios severos, que se soportan por mantener la vida, dada la ausencia de otras alternativas terapéuticas.

Cuando hay efectos secundarios, se maneja la situación de formas diferentes. A veces, se trata sólo de alterar la dosis. Otras veces, es preferible cambiar el medicamento y se pasa a usar otro que tenga un valor terapéutico semejante. En otras ocasiones, se continúa el uso y se combaten los efectos secundarios con medicamentos que tienen el efecto de controlarlos o suprimirlos. Un especialista médico conoce bien los pros y contras de cada medicina y, por lo tanto, está preparado para manejar favorablemente los problemas que puedan surgir en el transcurso del tratamiento.

Los medicamentos para combatir el TDAH pueden tener efectos secundarios, como cualquier otro. Rigen para ellos exactamente las mismas reglas que para cualquier otro fármaco. No podía ser de otra forma, si hasta una aspirina puede tener efectos secundarios. Se trata de conocer y evaluar estos, sin concederles ni más ni menos peso que el que tienen.

Cuando se emplean estimulantes, se han registrado casos en que se ha visto disminuido el apetito, han aparecido tics, insomnio, dolores de estómago y empeoramiento de los síntomas en el momento en que se está agotando la eficacia de la dosis. En el caso de los antidepresivos, se conoce la ocurrencia de visión borrosa, sequedad en la boca, insomnio, alteración del ritmo cardíaco, dolor de cabeza y aumento de peso.

Todos estos son efectos posibles, no seguros. Muchos niños, adolescentes y adultos toman estimulantes y antidepresivos por largo tiempo, sin que les ocurra nada negativo. En realidad, son pocos los casos que presentan efectos secundarios. Si ocurren, se manejan como con cualquier otro medicamento. Generalmente, se altera la dosis o se cambia el medicamento.

La gravedad de estos problemas, cuando se dan, es un punto trascendental en la discusión de los efectos secundarios. No son pocos los padres que se niegan rotundamente a la medicación de sus hijos aduciendo que no van a exponer a sus hijos a "esos peligros". Muy probablemente, son los mismos que no vacilarán en autorizar un tratamiento de antibióticos o de cualquier otro fármaco, sabiendo que en ello se juegan la salud de su vástago. El por qué de esta diferencia de actitudes, que los conduce a la contradicción, habrá de buscarse en la calidad y la cantidad de información sobre los tratamientos farmacológicos de que disponen.

Es probable, por una parte, que estas personas hayan estado expuestas a los mitos que corren de boca en boca sobre unos supuestos efectos desastrosamente nocivos de estos medicamentos. Y más probable es aún que no hayan obtenido la información precisa para corroborarla. Aceptan la voz del pueblo como si fuera verdad divinamente revelada y desarrollan prejuicios sobre asuntos en que no son expertos. Sin embargo, su problema no se restringe a que desconocen el tema de la medicación del TDAH, sino que se extiende a toda la farmacología, en general. De igual incomprensión hacen gala cuando aprueban sin vacilar tratamientos médicos de cualquier otra índole. Claro, no hay una campaña contra la medicación de las enfermedades del hígado o del corazón. Sin embargo, si se enteraran de los efectos secundarios de las medicinas que dan a sus hijos sin pensárselo, se llevarían la sorpresa de comprobar que también hay riesgos envueltos, riesgos que han aceptado sin ninguna oposición, cayendo en una total contradicción.

La campaña contra la medicación psicofarmacológica de los niños proviene de los Estados Unidos, donde la Iglesia de la Cienciología, ya mencionada, lleva años enfrascada en una cruzada no sólo contra esta medicación, sino contra toda la psiquiatría. Lamentablemente, esta campaña ha encontrado eco en una prensa que no siempre actúa inteligentemente, por no decir responsablemente, y en conformidad con el bien común. Programas de radio y de televisión, así como artículos en la prensa escrita han lanzado todo tipo de acusaciones contra los profesionales que trabajan día a día en la atención de la salud mental del pueblo. Como todo lo que toca a la infancia es particularmente conmovedor, las imputaciones de que "se está drogando a nuestros niños" o de que se los está convirtiendo en "adictos" se han propagado con celeridad. Dada la influencia que tiene la prensa en la sociedad, sería de esperar un proceder más ético de parte de las personas responsables de estos actos. En este caso, ético se refiere simplemente a realizar una investigación adecuada y completa antes de hacer programas o escribir artículos que entran de lleno en el terreno profesional y académico, de forma que se ofrezca al público información empíricamente verificada y, por ende, confiable, a la vez que se le protege de los manejos de grupos particulares que nada tienen que ver con la ciencia. Y por investigación, no se entiende un supuesto y equivocado proceder "objetivo" que tenga en cuenta lo que dicen todos los "grupos", sin omitir a nadie, como si se tratara de que la responsabilidad del periodista fuera ofrecer un muestrario de cuanta idea desfila por la sociedad, sino ponerse al día en lo que la investigación científica ha logrado establecer sobre el tema. Con esto se evitará infligir un mal innecesario a los miles de niños y padres que todos los días se enfrentan con un problema que marca sus vidas.

Además de lo anterior (válido especialmente para los Estados Unidos y las regiones que caen dentro de su influencia cultural más directa), un factor que actúa indirectamente en contra de la medicación de los niños es el prejuicio y desconocimiento que todavía existen sobre los tratamientos para problemas que se relacionan con la "mente". Muchos adultos aceptan llevar a sus hijos al psicólogo, porque éste "no da pastillas", pero el panorama cambia drásticamente si se trata de ponerse en manos de un psiquiatra o un neurólogo para atender la medicación. La necedad de que "yo (o mis hijos) no voy al psiquiatra porque no estoy loco ni mal de la mente" no está tan muerta como merece estar. Es lamentable, ciertamente, ser testigo de cómo muchas personas dejan que sus prejuicios destrocen sus vidas.

Los posibles efectos secundarios de los estimulantes y antidepresivos han de ser vistos en una perspectiva realista. Ninguno de ellos es grave. Ninguno es irreversible. Ninguno hay que no pueda ser manejado por un profesional competente. Por actuar sobre el cerebro, estos medicamentos no tienen unos riesgos especiales o más graves que los de otros que actúan sobre otras partes del cuerpo. Es obvio que cuando se toman hay que vigilar la reacción del organismo, pero ésa es una precaución que se debe adoptar en el caso de cualquier tratamiento médico.

En resumen, el tratamiento farmacológico es esencial para la mayoría de los casos de TDAH. En algunas personas, puede presentar efectos secundarios, ninguno de ellos fatídico ni irreversible, que pueden ser fácilmente manejados por un médico competente.

Repara, por último, en este hecho, amigo lector. Todos los libros escritos sobre el TDAH hasta este momento en lengua española tienen a psicólogos por autores. Lo mismo sucede con la mayor parte de los muchos títulos existentes en lengua inglesa. Todos ellos afirman la necesidad del tratamiento médico. Como psicólogos, ni nos ocupamos de dicho tratamiento ni nos beneficiamos económicamente por el hecho de que se lleve a cabo. Si insistimos en su necesidad, es porque una abundante evidencia señala que es necesario más allá de toda duda razonable.

c. Otros "tratamientos".

La difusión que ha alcanzado el TDAH ha traído consigo la aparición de una pléyade de tratamientos, pastillas y artilugios que llegan al público con la maravillosa promesa de "curar" el trastorno o poco menos. Estas alternativas, que muchas personas cogen en serio por su falta de información, no están respaldadas por la investigación científica. O sea, no hay datos empíricos que avalen sus afirmaciones y pretensiones. Por lo tanto, no se pueden considerar alternativas válidas de tratamiento.

Entre estos falsos tratamientos, la *dieta* ocupa el primer lugar. En 1975, un médico llamado Benjamín Feingold propuso que el TDAH se debía a la ingestión involuntaria de los edulcorantes, colorantes, aditivos y preservativos que se emplean en los alimentos que se venden. Por lo tanto, no habría más que mantener una dieta libre de estos contaminantes para lograr que desaparecieran los síntomas. Sin embargo, cuando se han duplicado los estudios que Feingold decía haber hecho, ningún investigador ha obtenido los mismos resultados. La hipótesis de Feingold no ha sido demostrada y, por lo tanto, sigue estando en la dimensión de las afirmaciones gratuitas. Si se tiene en cuenta la afición que tiene un buen segmento de la población a manejar muchos problemas de salud por medio de la dieta, no es de extrañar que esta pseudosolución goce de acogida.

Un caso parecido presentan los llamados *productos naturales*, acompañados, como suele suceder con ellos cada vez que intentan medirse con la Medicina, de deslumbradoras promesas sobre su milagrosa eficacia. Desdichadamente para el crédulo, hay toda una madeja de intereses creados que alimentan una maquinaria publicitaria que se encarga de diseminar pretensiones que nunca se han podido probar en el campo científico. Con el aparente propósito de impresionar al comprador incauto, no es raro encontrar que los folletos que describen estos productos contengan citas de "grandes científicos", "eminentes bioquímicos" y "destacados autores". Cuando se busca quiénes son estas personas, resalta su falta de credenciales y el hecho de que son muy conocidos... en su círculo familiar.

Se han propuesto también terapias a base de *vitaminas* y *minerales* administradas en altas cantidades (por una supuesta deficiencia de estos compuestos en algunas personas), de *medicamentos contra los mareos* (por supuestos problemas en el oído interno), de *fungicidas* (por un supuesto debilitamiento del sistema inmunológico causado por hongos), de *intervenciones quiroprácticas* (por un supuesto atascamiento de un hueso craneal y la primera vértebra) y de una *dieta de aminoácidos*, en la esperanza de que estos aumenten la eficacia de los neurotransmisores. El común denominador de todos estos abordajes es que cuando se han investigado por medio de estudios controlados, no se ha encontrado evidencia que los sustente. Así pues, no hay que vacilar en colocarlos en la lista de las pseudoterapias.

Quedan, en fin, las alternativas exóticas, como unas "terapias" hechas a base de "intervenciones espirituales" y lo que de entrada sólo puede calificarse de engaño: sesiones en que se pretende aumentar la atención de los niños mediante la práctica de algunas artes manuales u otros recursos que dicen desarrollarla por el mero hecho de que requiere atención realizar las tareas, llevadas a cabo (y cobradas, claro está) por personas que ni siquiera pertenecen a ninguna de las profesiones de la salud.

Amigo lector, tanto por el beneficio de tu hijo como por tu propia estabilidad emocional y económica, no caigas en las garras de quienes te ofrecen soluciones tan particulares que sólo ellos y su grupo conocen y practican. Si tienen el propósito de engañar o si son víctimas de su propia ignorancia, es lo de menos. Lo cierto es que vas a hacer daño a tu hijo si los escuchas.

Una última palabra sobre las dietas. Sabemos lo arraigadas que se encuentran las ideas sobre los efectos de los compuestos artificiales que se le ponen a los alimentos, por no mencionar la prevención que tantos padres tienen con el azúcar y el chocolate. Si ofrecen a su hijo el tratamiento psicológico y médico que necesita y si ponerle a dieta les da más tranquilidad, pueden hacerlo así. Siempre que la dieta figure en adición al tratamiento indicado, no hay problema. Consideramos que no va a surtir efecto, pero tampoco va a hacer daño. El problema surge cuando la dieta sustituye al tratamiento psicofarmacológico.

6. Preguntas frecuentes sobre el tratamiento.

- *Un profesional ha visto a mi hijo y me ha dicho que hay que darle la ocasión de que queme toda la energía que tiene, por lo que debo ponerlo a practicar deportes. ¿Qué deporte le parece mejor que empiece a practicar?*

    Cambia de profesional. El problema nunca ha sido un exceso de energía, del que haya que disponer. Esto está tan extremadamente alejado de la realidad que si alguien lo afirma, se puede inferir que no ha tenido ningún contacto con la literatura científica sobre el TDAH. ¿A quien vas a confiar tu hijo?

- *Un profesional ha visto a mi hijo y me ha dicho que le dé una dieta a base de alimentos que no tengan nada artificial y sin azúcar ni chocolate.*

    Cambia de profesional. Tu hijo es tan importante que merece ser atendido por alguien que esté al tanto de la investigación científica sobre el problema que pretende tratar. Además, ninguno de los profesionales que tratan el TDAH es experto en dietas. Entre ellos, los psicólogos son los menos llamados a hablar sobre alimentación.

- *Unos amigos me han recomendado que lleve el niño a un psicoanalista. ¿Debo ir?*

    El psicoanálisis, escuela de psicología creada por Freud, es un sistema de ideas eminentemente especulativo, que se sitúa en los antípodas de la psicología científica, la cual procede mediante una rigurosa investigación empírica. Aunque mantiene sus adeptos, ha ido perdiendo terreno en las universidades y en los ambientes profesionales en las últimas décadas y su prestigio como sistema de ideas y como instrumento terapéutico, ha menguado significativamente. Entre los miles de títulos de estudios y libros que componen la literatura científica sobre el TDAH, no se encuentran contribuciones del psicoanálisis. Éste, dado a unas pretendidas cuestiones "profundas", no se ha ocupado de temas como la hiperactividad. No existe tratamiento psicoanalítico para el TDAH. Así que no. La respuesta es un no, rotundo y decidido.

- *He ido a un profesional que me ha dicho que él me puede dar todos los servicios: tratamiento médico, adiestramiento a los padres, modificación de conducta... ¿Debo aceptar?*

Aunque no es imposible, es muy improbable que una persona cuente en su expediente académico con una educación formal en todas las áreas envueltas en el tratamiento. Generalmente, se encargan del mismo un médico (neurólogo, psiquiatra o pediatra) y un psicólogo y cada uno hace una contribución en aquellas áreas en que está formalmente preparado. Tú quieres para tu hijo la mejor atención especializada, no la que puede prestar alguien que, aparte de su formación profesional, ha leído algunos libros de otra especialidad, cosa que no le puede conferir el adiestramiento necesario... ¿Verdad?

- *El profesional que estaba tratando a mi hijo me refirió a otro especialista para que aplicara un tratamiento que él no podía dar. Este señor me dijo que no era necesario que siguiera llevando el niño al otro profesional, ya que él le podía dar todos los servicios. ¿Debo hacerle caso?*

Indaga si las credenciales profesionales de este señor le facultan para realizar satisfactoriamente lo que promete. Decide entonces. Ahora bien, debes estar consciente de que ha incurrido en un acto marcadamente antiético: "piratear" los clientes de otros profesionales. El acto es más nauseabundamente antiético si se tiene en cuenta que ha traicionado la confianza que el profesional que le refirió el caso tenía depositada en él. Si crees que puede ayudar a tu hijo y si te sientes cómodo con una persona de esta condición ética... En fin, tú decides.

- *Yo entiendo toda la información que usted me da sobre el TDAH y la necesidad del tratamiento médico, pero... me sigue dando miedo dárselo a mi hijo.*

Entonces, tu miedo es el último escollo que tienes que salvar para que tu hijo reciba el tratamiento que necesita. Tienes que enfrentarte con tu aprensión. Si sigues teniendo miedo, hay que pensar que no has asimilado del todo la explicación que hemos dado sobre lo que es este trastorno y el tratamiento médico. Las viejas ideas y los mitos siguen estando activos en ti, aunque sea de forma mínima, y de ahí tus temores. Si no los desarraigas, estos permanecerán para siempre contigo. La única forma de deshacerte definitivamente de ellos es sustituyéndolos por otros conceptos que estén de acuerdo con la realidad. Sigue leyendo, busca respuesta a tus preguntas, consigue mayor información. Si esto es insuficiente, un psicólogo podrá ayudarte, probablemente en pocas sesiones, a enfrentarte racionalmente con tus miedos y a superarlos. Ahora bien, si das este paso, busca un psicólogo de adultos que esté familiarizado con el TDAH y pueda interpretar tu miedo, no vaya a ser que terminemos dando la razón al dicho aquel de "es peor el remedio que la enfermedad".

- *Tengo miedo de que los medicamentos pongan a mi hijo "atontado", como adormecido...*

Amigo, ten miedo de los peligros reales, pero no de los fantasmas. Decir que un estimulante vaya a sedar a alguien, es como afirmar que un premio millonario de la lotería va a empobrecer a quien lo reciba. Es una contradicción total. El estimulante proporciona al cerebro los recursos de que carece para poder ordenar y controlar la conducta. No adormece a nadie. Todo lo contrario; pone a las personas más alerta, de forma que pueden enfrentar mejor los retos del medio ambiente. Por favor..., esta situación ya es de por sí lo suficientemente compleja como para estar añadiéndole elementos no reales. Dejemos fuera los fantasmas.

Ahora bien, el medicamento tiene el efecto de disminuir la actividad motora del niño. Probablemente, algunas personas confunden ese estado de normalidad con estar "sedado", o "atontado". Una madre nos confesó una vez con un deje de tristeza que ahora veía a su hijo sin la "energía" que lo caracterizaba antes, como "apagado". Se le hizo notar que lo que ocurría era que por primera vez veía a su hijo como el niño era, sin la máscara que le imponía la hiperactividad. ¿Prefería acaso ver a su hijo en plena y total manifestación de un trastorno que le provocaba mil problemas y que lo ponía en manos de profesionales? Enfrentada con esta realidad, aquella madre comenzó a conocer a su hijo desde aquel día.

- *Fui a la farmacia y le pregunté al farmacéutico si el Ritalin tiene efectos secundarios. Me contestó que sí. ¿Cómo se lo voy a dar, entonces?*

Si le preguntas a un farmacéutico si el Ritalin o cualquier otro medicamento puede tener efectos secundarios, la respuesta será invariablemente afirmativa, porque todos los medicamentos, incluso los que se consiguen sin que los recete el médico, pueden tenerlos. Si te quieres enterar de los posibles efectos secundarios de una medicina, no es la mejor idea hacer una pregunta aislada y que se puede contestar con un monosílabo, en un ambiente tan público como una farmacia, a un profesional que probablemente se encuentra atareado y te contesta con rapidez y de memoria.

- *Comencé a dar a mi hijo el medicamento que le recetó el médico, pero está teniendo unas reacciones que me preocupan. Creo que voy a interrumpir el tratamiento. ¿Es correcto que lo haga?*

    No. Debes proceder como lo harías con cualquier otro tratamiento. Explica al médico lo que estás observando y te preocupa. Él te dirá si es un efecto secundario o algo que no guarda relación con el tratamiento. Si lo es, se encargará de manejar la situación adecuadamente. Quizás tenga que alterar la dosis, cambiar de medicina, o determinar cualquier otra vía de acción. Exprésale tus dudas y pídele respuestas, pero no tomes decisiones apresuradas y unilaterales. Has de estar consciente de la posibilidad de que puedes ocasionar un daño a tu hijo precisamente por querer protegerle.

    Además, podrías estar confundiendo con efectos secundarios reacciones y comportamientos que nada tengan que ver con el medicamento. Que algo ocurra mientras que el niño se encuentra en tratamiento, no significa ni mucho menos que se deba a éste. Puede tratarse de un proceso independiente, algo que sólo puede determinar un profesional adiestrado.

- *Estoy dispuesto a dar a mi hijo tratamiento médico, pero me da miedo de que se haga adicto a estos medicamentos.*

    Si éste es todo tu problema, hay buenas noticias. Los medicamentos para el TDAH no causan adicción. Puedes ver que miles de niños que los reciben interrumpen el tratamiento durante los fines de semana y en períodos de vacaciones, sin que experimenten ningún problema por la suspensión de la medicación.

- *Estoy dispuesto a dar a mi hijo tratamiento médico, pero me da miedo de que cuando sea mayor se haga adicto a drogas.*

    La idea de que los medicamentos para el TDAH facilitan el uso de drogas ilegales en la edad adulta es uno de los mayores infundios diseminados por el movimiento antipsiquiatría. No representa más que una burda manipulación de los sentimientos que tenemos hacia nuestros hijos. Si un padre cree semejante disparate, es fácil comprender que se apresure a proteger a su hijo de lo que entiende que puede destruir su vida el día de mañana. Una vez más, la única defensa que tenemos contra estas falsedades es disponer de una información objetiva y, por lo tanto, confiable: la que nos proporciona la investigación científica.

La verdad es justamente todo lo contrario. Una serie de estudios realizados muestran que hay una predisposición inferior al uso de drogas por parte de los adultos con TDAH que han recibido medicación en su infancia que por parte de los que no la recibieron. El tratamiento adecuado para el TDAH puede proteger de la drogadicción y de otros males a través de la vida.

- *¿Hasta cuándo tendré que dar tratamiento a mi hijo?*

He aquí otra de las preguntas que más insistentemente se nos hace a los profesionales. La respuesta es: mientras que sea necesario. Nadie te puede dar una respuesta exacta. La duración de la medicación depende de factores como el grado de severidad del caso, la reacción particular del niño al medicamento y de la forma en que padres, familiares y maestros cooperen en el tratamiento global. Todo lo que se puede decir es que unos niños van a necesitar un tratamiento de mayor duración que otros.

Ahora bien, si el TDAH es un trastorno crónico, sin curación y que se muestra activo a lo largo de toda la vida en una mayoría de casos, conviene empezar a programarse para que el tratamiento, tanto psicológico como médico, se extienda también, en los casos necesarios y en la medida precisa, a lo largo de toda la vida. Esto no significa ni mucho menos que el niño tenga que estar en manos de psicólogos y médicos toda su vida. Significa que ahora, en el momento del diagnóstico, va a ser imprescindible una intervención masiva, que atienda los problemas actuales y que ubique a todos los implicados (niño, padres y familiares) en la realidad de lo que sucede, de forma que aprendan a vivir con ella. Superada esta primera fase, se recurrirá a la ayuda profesional en las ocasiones en que se considere conveniente. El adulto con TDAH informado hará consultas profesionales sólo en aquellos momentos críticos en que le conste que necesita ayuda para enfrentar una situación particular.

- *Estoy un poco confundido. Este libro previene, con mucha seguridad, de cosas como creerse mitos y cometer errores. Me anima a buscar "información confiable" y me dice una y otra vez que ésta es la que se consigue por la "investigación científica". Apoya unas cosas y descarta otras recurriendo a la "evidencia" disponible. Me habla de "estudios empíricos". ¿Por qué estas cosas tienen tanto peso y por qué debo aceptar su autoridad?*

Tu pregunta va al corazón de la educación sobre el TDAH y del proceso de toma de decisiones sobre el tratamiento. Ahora bien, para contestarla debidamente, habría que exponer los procedimientos de la metodología con que se investigan asuntos como este trastorno, lo que está lejos de las intenciones y las posibilidades de esta pequeña obra. Tratemos de elaborar una respuesta simple.

La metodología científica no emplea nunca la especulación como instrumento de trabajo. La ciencia investiga asuntos muy concretos y llega a unas conclusiones igualmente concretas. Veamos un ejemplo. Ante la incertidumbre sobre la efectividad de un tratamiento, se procede a hacer un estudio para salir de dudas. Si se quiere saber cuál de dos medicamentos es más efectivo para tratar la depresión, se diseña un estudio como el que sigue. Se componen dos grupos de personas con depresión y se les administra un test que mida los síntomas de la depresión y su intensidad. A renglón seguido, se procede a administrar el medicamento A al grupo 1 y el medicamento B al grupo 2 por espacio de un mes (la duración es figurada, para propósitos de este ejemplo). Luego, se administra por segunda vez el test de depresión y se comparan los resultados. Si los síntomas ocurren con una intensidad significativamente inferior, se acepta que los medicamentos son efectivos. En caso contrario, no valen. Si uno ha logrado resultados satisfactorios, mas no el otro, uno vale y el otro no. Si el medicamento A ha logrado una mejoría significativamente superior a la del B, se entiende que es más efectivo que el B. En este procedimiento, muy simplificado para claridad de la exposición, no se ha imaginado ni supuesto nada. Antes del estudio y de otros similares que lo han duplicado, no sabíamos si los medicamentos servían, ni si uno servía más que otro. Ahora sabemos que, aunque los dos son efectivos, el A es más potente que el B. Así que desde este momento disponemos de una evidencia: los resultados del estudio. Ahora hay datos empíricos que nos orientan en el tratamiento de los deprimidos. Por lo tanto, no caemos en la especulación ni en la suposición cuando procedemos a afirmar, con el debido conocimiento de causa, que existe tratamiento para la depresión y que el medicamento A juega un importante papel en el mismo. La convicción procede de la investigación efectuada.

Nuestro conocimiento del TDAH, su naturaleza y su tratamiento proviene de cientos y cientos de estudios y experimentos de distinta índole, que a lo largo de los años nos han ido dando unos resultados que nos permiten diferenciar entre lo que es efectivo y lo que no lo es. Si afirmamos, por ejemplo, que los estimulantes son eficaces, pero que la dieta no lo es, no estamos dando un parecer, sino que hablamos con la seguridad que depara el fruto de una vasta investigación. No es así porque sea nuestra preferencia u opinión, sino simplemente porque disponemos de la aplastante evidencia de datos empíricos que así lo indican.

Este libro, al igual que otros, trata de presentarte lo que se conoce hoy del TDAH, en la esperanza de que te ayude a tomar las decisiones que sabemos pueden repercutir en beneficio de tu hijo. Si se hace énfasis en que unas sendas nos llevan al destino deseado, mientras que otras nos conducen a un punto muerto o al desastre, se debe simplemente a que tenemos evidencia de que así es. Sería altamente lamentable que no aprovecharas el beneficio que supone esta evidencia. Más lamentable aún si se piensa que el gran perjudicado no serás tú, sino tu hijo.

III. LOS PRIMEROS DÍAS

En los días siguientes a la recepción del diagnóstico, va a tener lugar toda la actividad necesaria para hacer frente a la situación. Según sean tus circunstancias particulares, pueden ser unos días muy intensos. Vas a tener que tomar importantes decisiones y hacer no menos importantes gestiones. Quizás te tengas que enfrentar a unas situaciones especiales. Quizás estas situaciones puedan llegar a ser muy dolorosas. En lo que respecta a tu hijo y si tú has pasado satisfactoriamente, como esperamos, la prueba de las primeras horas, estos próximos días pueden marcar su vida, para bien o para mal.

1. Decisiones a tomar y pasos a dar.

Entre las primeras gestiones que tienes que hacer, se encuentran la selección de los profesionales que se van a ocupar de tu hijo y la información de los resultados de la evaluación a la familia y al colegio. Examinemos cada una de estas situaciones.

a. Selección del equipo de tratamiento.

Es evidente que la selección del equipo profesional que va a tener a su cargo el tratamiento tiene trascendental importancia para llegar a las metas propuestas. No todo depende de este equipo, pero nada se puede hacer sin el mismo. Naturalmente, quieres que sean los mejores profesionales quienes se hagan cargo de tu hijo. Con lo que ya sabes, no te será difícil escogerlos.

Criterio de selección. Recuerda que tienes que elegir aquel profesional que te asegure competencia en su trabajo. El criterio de la *aptitud profesional* ha de ser el que emplees de forma prácticamente exclusiva. Quieres a alguien que conozca su área de trabajo y no sólo de forma general, sino específica. Para tu hijo, quieres a alguien que sepa qué es el TDAH y cómo se trata. O sea, debes aplicar los mismos criterios que usarías para elegir un cirujano que tuviera que practicarle una operación de corazón abierto. No mirarías en tal caso si es alto o bajo, grueso o delgado, simpático o huraño, apuesto o esperpéntico, joven o viejo. Considerarías sólo su *competencia* como cirujano especializado en el tipo de operación que necesita tu hijo. Si además de ser competente, es el tipo de persona con quien te sientes bien, mejor que mejor. Pero lo eliges exclusivamente por su competencia profesional. Haz lo mismo en el caso del TDAH y no tendrás que lamentar nada.

Es necesario tener claros estos criterios porque a veces se emplean otros muy distintos para seleccionar psicólogos o médicos, con el consabido e ineludible percance. Puede ser que el profesional tenga unas cualidades personales que impacten agradablemente, como ser un buen conversador, simpático o cordial. Indudablemente, estos rasgos facilitarán que nos sintamos cómodos en su compañía. Queda por establecer, sin embargo, si es también buen terapeuta. A pesar de que es su capacidad profesional lo que va a sacar adelante el caso, no ninguno de sus adornos personales, es impresionante contemplar cómo muchas personas escogen su terapeuta a partir de criterios subjetivos, que poco o nada tienen en cuenta la capacitación estrictamente profesional del mismo.

El equipo. Con toda probabilidad, vas a necesitar un psicólogo y un médico. Este último puede ser neurólogo o psiquiatra, a condición de que sea pediátrico. Si el caso de tu hijo es complejo y, además del TDAH, presenta otros desórdenes o rezagos, podrías precisar también un terapeuta educativo o maestro de educación especial, un logopeda (patólogo del habla, en algunos países) o un terapeuta ocupacional.

El psicólogo tendrá a su cargo el trabajo terapéutico con el niño y con la familia, en los términos en que ya se ha descrito. El médico se encargará del tratamiento farmacológico. El terapeuta educativo se ocupará de los problemas escolares que frecuentemente se encuentran asociados con el TDAH, especialmente si el niño tiene también *trastornos del aprendizaje*. El patólogo del habla o logopeda atenderá los problemas del habla y lenguaje, si los hay, mientras que el terapeuta ocupacional trabajará los problemas de coordinación, también si los hay, los cuales se relacionan a menudo con dificultades para dominar la escritura. Naturalmente, cuanto más complejo sea el caso y más dificultades presente el niño, mayor tendrá que ser el equipo de tratamiento.

Selección del médico. La elección del médico, sea neurólogo, psiquiatra o pediatra, es relativamente fácil. Basta con asegurarse de que esté especializado en la atención de niños y adolescentes. Tanto el uno como el otro tienen el entrenamiento necesario para administrar un tratamiento especializado como el que se busca.

Selección del psicólogo. La selección del psicólogo es un poco menos simple, dada la diversidad de formaciones académicas existentes. Además, no todos los psicólogos trabajan con niños y adolescentes, razón por la que no todos están familiarizados con el TDAH. Esto es algo completamente normal, ya que en toda profesión existen las áreas de especialidad y de cualquier profesional se debe esperar un nivel de competencia sólo en las áreas a las que se dedica. Para encontrar uno adecuado, si no se tiene ya, basta con seguir las directrices dadas en el apartado dedicado a cómo buscar una segunda opinión (Capítulo II). El mismo procedimiento aconsejado para buscar quién dé una segunda opinión se puede usar para encontrar el psicólogo que estás buscando.

Ahora bien, si el profesional o los profesionales que han trabajado en el diagnóstico han realizado satisfactoriamente su labor (según las guías expuestas; nunca de acuerdo a pareceres subjetivos), es probable que no tengas que buscar más, puesto que ya te han demostrado su competencia. Así pues, es lógico que les encomiendes la fase terapéutica.

b. Información a la familia.

Es probable que la familia haya estado esperando con ansiedad, igual que tú, los resultados de la evaluación. Ahora que conoces los resultados, se los debes informar.

A fin de que los familiares puedan interpretar adecuadamente el diagnóstico, debes proporcionarles todos los elementos de juicio necesarios. En términos generales, es recomendable que estén al tanto de las credenciales profesionales de quien haya hecho la evaluación y que tengan acceso a una copia del informe. Esto pondrá a su alcance los datos necesarios para que hagan juicios válidos. Cuanta menos información les facilites, mayor será la probabilidad de que no entiendan la situación y, por ende, que no colaboren en el tratamiento.

Sobre el TDAH en sí, es muy probable que necesiten recibir la misma información que estás recibiendo tú, por lo que debes hacer lo posible para proveérsela. Puedes proporcionarles este mismo libro y mantener conversaciones con ellos, dirigidas a aclarar y definir la situación. Recuerda que tú vas a ser el guía del resto de la familia con relación al diagnóstico y tratamiento de tu hijo, por lo que debes estar seguro de lo que dices. Difícilmente podrás ayudar a otros a comprender lo que tú no entiendes.

En algunos casos y si de veras existe una actitud de compromiso y sincera voluntad de aprender, se puede recurrir a una sesión de tipo informativo con el mismo profesional que hizo el diagnóstico. Si te orientó a ti, también puede hacerlo con tus familiares.

Hermanos. Los hermanos del niño diagnosticado representan un caso particular, dentro de la familia. Su colaboración va a ser muy necesaria, de modo que hay que asegurarse de obtenerla. Para ello, hay que entender que los niños, independientemente de su edad, funcionan como el resto de los seres humanos: hacen lo que entienden que deben hacer. Ni niños ni adultos van a hacer nada para manejar una situación que no comprenden. Y si hacen algo, lo más probable es que su desconocimiento cause que su acción sea contraproducente. Así que te toca informarles debidamente para que tengan la oportunidad de obrar adecuadamente.

Cómo se los va a abordar es otra cuestión. La edad, naturalmente, impone una forma de comunicación. Ni sobre el TDAH ni sobre nada se puede informar de la misma forma a un niño de seis años que a otro de doce. La diferencia de edades entre los hermanos del niño afectado, así como otros rasgos individuales que haya que tener en cuenta, aconsejará realizar una reunión con todos ellos presentes, o bien proceder a tener conversaciones individuales con cada uno de ellos. En caso de duda sobre el procedimiento a seguir, es recomendable hacer una consulta al psicólogo que lleve el caso. La cooperación de los hermanos es un punto demasiado crucial como para dejarlo librado a la suerte.

Los otros hijos deben llegar a comprender que su hermano tiene unas características y unas necesidades especiales. Al igual que el resto de la familia, deben entender a qué se debe ese comportamiento que muchas veces les incomoda y tomar conciencia de que no les hace nada por el puro afán de molestarles, sino porque no está en él controlar a veces lo que hace o dice. Bajo ningún concepto deben desarrollar la idea de que su hermano es "anormal", como tampoco le deben ver como víctima ni cogerle pena. Deben aprender a tratarlo de la forma más normal posible, pero teniendo en cuenta sus rasgos especiales. Naturalmente, no se va a conseguir todo esto en una conversación. En realidad, lo anterior forma parte del programa de terapia con la familia.

Padres separados o divorciados. Si los padres se encuentran separados o divorciados, pueden presentarse varias situaciones. Hay personas que, después de haber dado por finalizada su relación de pareja, siguen manteniendo buenas relaciones, mientras que otras caen en la incomunicación o en la enemistad. Naturalmente, la calidad de la relación existente en el momento del diagnóstico va a facilitar o a dificultar el proceso de ocuparse del niño.

No obstante, el factor decisivo sigue siendo el mismo que en el del caso de los que siguen llevando vida de pareja: el compromiso de cada padre con los hijos, manifestado en el grado en que se involucra día a día en la crianza de los mismos. Este compromiso puede oscilar entre total e inexistente, pasando por relativo.

No es noticia que nuestra cultura latina tiende a responsabilizar de la crianza de los hijos más a la mujer que al hombre. Aunque el quebrantamiento paulatino de los patrones sexistas está modificando esta realidad social, resulta incuestionable, con honrosas excepciones por parte de algunos varones, que la crianza de los hijos sigue estando más a cargo de la mujer que del hombre. Por lo tanto, cuando se plantea una situación crítica, puede esperarse en muchos casos un grado desigual de participación de parte de cada uno de los padres.

En el caso de padres separados o divorciados, se observa por lo general que las partes mantienen el mismo grado de compromiso con los hijos que antes de la ruptura. En términos concretos, esto significa que, tanto antes como después del rompimiento, unos padres siguen de cerca el desarrollo de sus hijos, mientras que otros sólo lo hacen de lejos y otros, en fin, se desentienden de ellos.

Los casos extremos son fáciles. El padre que ha mantenido un alto nivel de compromiso intervendrá activamente en el tratamiento sin hacerse de rogar. Respecto a los que ni mantienen relación con sus hijos o la tienen de forma muy superficial, es lógico esperar que no alterarán ni su patrón de comunicación y compromiso ni su estilo de vida por un diagnóstico, por lo que, aparte de informarles, si hay ocasión, e invitarles a participar, no hay que esperar mucho de ellos. No obstante, se les debe comunicar lo que sucede, a fin de darles la ocasión de emitir su muy probable *no* y, por lo tanto, de ser responsables de su negligencia.

Los que mantienen un nivel intermedio de compromiso pueden ser más problemáticos. Generalmente, pretenden tener voz y voto en las cuestiones de sus hijos, aunque sin asumir todas las responsabilidades asociadas con ello. El objetivo a perseguir con estas personas es lograr el mayor grado de colaboración que sea posible obtener. En algunas ocasiones, se puede conseguir una mejoría sustancial en la participación de los asuntos del niño. En otras, no se obtiene nada o se logra poco. Cuando los niños pasan fines de semana u otros períodos de tiempo con su padre, se corre especial peligro, si éste no coopera, de que se malogren parcialmente los logros pacientemente conseguidos. El cambio de ambiente y la aplicación de técnicas de manejo de la conducta infantil viejas e irracionales, cuando no brutales, pueden resultar muy contraproducentes. En estas circunstancias, es muy válido y pertinente solicitar seriamente a estos padres que abandonen la relación ambigua que sostienen con sus hijos y que asuman plenamente las responsabilidades que, como padres, les cabe. Por lo menos, se les puede pedir que si no ayudan, tampoco entorpezcan. Y si no es factible arrancarles ningún cambio, más vale aceptar la realidad y adoptar las medidas que sean posibles para minimizar el impacto negativo de su conducta. Después de todo, cuando la naturaleza nos dio unos padres, no se comprometió a que fueran competentes.

En resumen, la familia tiene un papel muy importante que jugar en el tratamiento. Por lo tanto, se ha de conseguir su participación activa, que, al igual que la tuya, se producirá si los familiares están convencidos de la realidad de lo que ocurre y de lo que tienen que hacer. El objetivo inmediato es informarles amplia y debidamente para lograr un compromiso claro y decidido de su parte.

c. Información al colegio.

Hay que informar al personal del colegio los resultados de la evaluación. Si las personas que están a cargo de la educación escolar del niño no están al tanto del diagnóstico, no podrán tomar ninguna de las medidas necesarias para ayudar a tu hijo. No informarles equivaldría a privar a éste del beneficio de la atención que necesita en el ambiente escolar.

En muchos casos, el personal escolar está esperando estos resultados, pues fueron ellos mismos quienes recomendaron o solicitaron una evaluación profesional de la conducta del estudiante. Basta con hacerles entrega de una copia del informe. Todo el personal que tiene que ver, de cerca o de lejos, con el niño debe ser informado: el director, el orientador, el trabajador social y los maestros.

Información confidencial. El personal escolar suele estar bien informado sobre cómo ha de manejar la información recibida. Saben que es *confidencial* y como tal la tratan. No obstante, es conveniente mencionar este punto en las conversaciones que se mantengan, a fin de que no quede ninguna duda sobre tu expectativa.

Actitud del personal escolar. Ya que las personas a cargo en el ambiente escolar van a participar de alguna forma en lo que desde ahora se haga con el niño, te interesa explorar qué saben del TDAH, la actitud que tienen hacia el mismo y la experiencia que tienen manejando casos semejantes. Al hablar con cada uno de ellos, debes tener presente que su formación universitaria no incluyó ninguna materia sobre psicopatología infantil, por lo que no has de esperar más conocimiento que de parte de cualquier otra persona. Sus juicios sobre este trastorno tienen la misma validez que los del resto de la gente. Podrás escuchar de ellos pareceres atinados y desatinados, constructivos y destructivos, racionales e irracionales. Y oigas lo que oigas, debes tener presente que haber cursado estudios de Pedagogía no confiere autoridad para opinar sobre cuestiones clínicas.

Este contacto inicial te servirá para formarte una idea de lo que puedes esperar del colegio. Por lo común, el personal escolar tiene un interés genuino en el niño y la mejor voluntad de ayudarle. Mas sucede con ellos lo mismo que con los familiares y amigos: la buena voluntad, aun siendo imprescindible y de agradecer, no es suficiente. Hay que saber cómo intervenir.

Además, puedes establecer con ellos una relación que contemple una comunicación periódica sobre el niño. Ahora más que nunca, vas a necesitar su cooperación y vas a tener que estar informado de lo que ocurre en el centro escolar.

Colaboración y actuación del personal escolar. La colaboración de los educadores es muy importante en el tratamiento del TDAH. Sin embargo, la participación de estos es el cabo que más comúnmente se queda suelto en el tratamiento global. Esto se debe sencillamente a que de todas las personas que atienden al niño, son las más inaccesibles a los profesionales de la salud. El psicólogo atiende directamente al niño, a sus padres y al resto de la familia, si fuese necesario, pero no puede recibir a los educadores para adiestrarlos y supervisar lo que hacen.

Con harta frecuencia solicitan padres y maestros a los psicólogos guías para orientar a estos últimos sobre "cómo han de manejar al niño". Petición encomiable, pues demuestra interés en ayudar al estudiante, pero ingenua. Parte de la premisa de que se puede ofrecer tal "guía" en unos pocos papeles o por una conversación telefónica. Demandas de este tipo dejan la impresión de que se cree que los psicólogos disponen de unas recetas fabricadas, cuya lectura habrá de encaminar a los docentes por la senda del buen hacer. Algo así como la piedra filosofal de la alquimia medieval, que trocaba en oro todo lo que tocaba.

Nada más lejos de la realidad. Los maestros no necesitan "guías", ni mucho menos consejos, sino un *adiestramiento formal en la conducta infantil y sus disfunciones*, que incluya cómo reconocer posibles cuadros clínicos en los estudiantes, cómo trabajar con los profesionales de la salud y cómo manejar la conducta infantil en general y la de los estudiantes aquejados por disfunciones específicas en particular. Esto implica todo un curso de capacitación, el curso que hace tiempo que se les debía haber dado en su formación universitaria, pero que nunca han recibido. Pretender adquirir capacitación para tratar ni más ni menos que el comportamiento de estudiantes aquejados por un trastorno de tipo biocomportamental mediante cápsulas escritas que facilite un psicólogo, es llanamente absurdo. *La capacitación para trabajar con niños especiales es responsabilidad de los maestros y de las instituciones que los contratan.*

Mientras que llega este adiestramiento, auténtica solución al problema de la capacitación de los maestros, algo se puede hacer. Ese "algo" va a depender de las características y la actitud de los educadores con quienes se esté tratando. Si tienes la suerte de que esa persona se muestra abierta a la información y desea adquirir los instrumentos para lograr que su trabajo sea más efectivo, será fácil establecer con ella una relación de cooperación, intercambio de información y mutuo apoyo. Si, por el contrario, es una persona contaminada por mitos del calibre de que el TDAH es una invención o que la medicación encierra grandes peligros, ni vas a encontrar ayuda en ella ni te interesa mucho invertir demasiado tiempo en una altamente improbable "conversión" de su parte. Todo depende de la disposición de esa persona a aprender y entrenarse.

Reticencia a informar. Algunos padres muestran resistencia a informar en el colegio el problema de su hijo, alegando que lo van a "etiquetar". Lamentablemente, hay que reconocer que este temor no carece totalmente de fundamento, ya que se han dado casos en que se ha tratado a niños a partir de estereotipos, con el daño y malestar que esto conlleva. Sin embargo, esta situación dista mucho de ser corriente. Por el contrario, es mucho más común que se den posturas más inteligentes y humanas de parte de los educadores.

Si sopesas los beneficios de solicitar la colaboración del colegio, dando la debida información, con los riesgos de ocultar la realidad, la elección debe ser fácil. Si no comunicas que tu hijo tiene TDAH, estás alimentando seriamente la posibilidad de que se perpetúen las acciones y actitudes que probablemente te han molestado en el pasado. Si el personal escolar desconoce lo que le ocurre al niño, no tendrá la oportunidad de ayudarle e incluso puede perjudicarle, sin tener la intención de hacerlo. Si ellos saben la verdad, pero no hacen nada o hacen lo incorrecto, de ellos es la responsabilidad. Pero si no ayudan o se convierten en obstáculo por carencia de información, la responsabilidad es tuya.

Si tu resistencia se basa en razones objetivas y dispones de evidencia de que los educadores concernidos no harán nada por ayudar a tu hijo, debes plantearte ya la necesidad de ubicar a éste en un ambiente escolar diferente, en el que reciba toda la ayuda que merece. Mas si tu reticencia es más difusa y general, debes examinar sinceramente la posibilidad de que se trate, en realidad, de una renuencia más amplia a admitir el diagnóstico de tu hijo y enfrentarte con la realidad que te impone.

Recuerda: eres responsable de la suerte de tu hijo. No puedes permitir que tus propios temores pasen a ser causa de una posible desdicha del niño. Enfrenta la realidad, entra en el colegio y di a ese director, a ese orientador y a ese maestro lo que ocurre. Tienes mucho en juego como para no hacerlo.

2. Escenarios sombríos.

Bienaventurado eres si nada de lo que vas a leer en esta sección tiene que ver contigo. Bienaventurado es tu hijo si tiene padres, familiares y maestros que no se ven reflejados en esta sección.

Conocer el diagnóstico produce en algunas familias unas situaciones críticas, que pueden llegar a poner a prueba la inteligencia, los recursos y la resistencia emocional de algunas personas. Ocurre esto cuando uno de los padres comprende la situación y está decidido a iniciar el tratamiento, pero encuentra una oposición férrea de parte del otro, o bien el desacuerdo proviene de otros miembros de la familia. La resistencia a colaborar en el tratamiento puede venir también del personal escolar, como pasa en algunos casos.

a. Cuando se opone el cónyuge.

Si tu cónyuge, que tiene tantos derechos y responsabilidades respecto al niño como tú, rechaza de plano el diagnóstico y el tratamiento, tienes ante ti un problema de considerables proporciones. Por una parte, está la necesidad de tu hijo, quien sufre un trastorno biocomportamental que demanda atención terapéutica. Por otra parte, se encuentra él o ella, con tanto poder de decisión como tú. No nos referimos a casos en que la resistencia es temporal y el asunto acaba resolviéndose por negociación o por su propio peso, sino a aquellos en que el tratamiento se ve definitivamente impedido por la interferencia de quien dispone de la capacidad para vetarlo.

Un comportamiento obstinado de esta naturaleza puede deberse a diferentes causas. Algunas veces, es fruto de una *psicopatología* evidente, que puede estar disminuyendo la capacidad general de la persona para desenvolverse como padre. En este caso, no sólo el tratamiento necesario para un TDAH puede verse comprometido, sino otras muchas cosas también. Si la persona tiene alterada su capacidad de procesar información y está sujeta a un mar de emociones entrecruzadas, no se puede esperar que pueda tomar decisiones responsables.

Otras veces, se trata de un mero pero persistente mecanismo de *negación*, que tiene lugar en muchas personas como medio para protegerse de un posible daño o conflicto. Equivale a correr un velo ante la realidad, para no verla. Algo parecido al mecanismo que dicen usa el avestruz para "evitar" el peligro: enterrar la cabeza en la arena. Al no oír ni escuchar el hecho peligroso, entiende que todo está bien. Mecanismo risible, dirás con harta razón, que sólo tiene el efecto de engañar al que lo produce. Cierto, pero resulta impresionante constatar el alto número de personas que lo emplean regularmente. Cierran los ojos tenazmente a la evidencia, se convencen de que no hay problema y siguen viviendo como si tal cosa. Hasta que llega el peligro y los devora, claro. En el caso del diagnóstico de TDAH, el simple y fugaz desfile de la película en que ve a su hijo aquejado de algo "raro", yendo a terapia, mientras que la familia, incluyéndolo a él, tiene que reestructurarse para hacer frente a la situación, basta para disparar automáticamente el mecanismo de negación. La realidad parece ser demasiado mala para vivir con ella, de modo que... ¡no existe y los especialistas se han equivocado! Una vez afincado en esta posición, no se moverá de la misma. Hacerlo, significaría enfrentarse a la realidad y al peligro, para lo que no está capacitado.

Muy ligado a lo anterior, se encuentra el caso de estos padres que creen sinceramente que hay dos clases de niños: los de ellos y todos los demás. Los suyos, más que niños, son unas *criaturas especiales*, que viven en una dimensión exclusiva y excepcional, en la que no tienen cabida las cuitas del resto de los mortales. Como seres únicos y prodigiosos, están predestinados a una vida igualmente especial, atiborrada de triunfos y glorias. ¿En qué cabeza cabe que semejantes seres puedan sufrir males tan plebeyos como una depresión, problemas de aprendizaje, una enuresis, una invasión de piojos o un TDAH? Esas cosas les ocurren a los demás, no a mis niños, tan especiales, listos y lindos, dicen estos padres, sin reparar en las sonrisas burlonas de quienes los escuchan. Es claro que estamos ante una construcción fantasiosa y presuntuosa de la realidad, en lo que concierne a los hijos. Sólo una mente que funciona acosada por múltiples problemas personales puede edificar un castillo de ideas tan irreal. Estamos, pues, ante otra instancia en que la patología de los padres labra la destrucción de los hijos. Para poder tratar el problema del niño, habría que ocuparse primero de la salud mental de quienes, desdichadamente, disponen del poder de vida y muerte sobre él: los padres.

No se puede descartar tampoco la posibilidad de una mera *irresponsabilidad*. La idea de todos los trabajos y ajetreos que supone admitir el diagnóstico y seguir de cerca el tratamiento, coloca a las personas centradas en su propia comodidad en la disyuntiva de ocuparse del problema, pagando el precio que esto tiene en términos de esfuerzo y renuncia a su pequeño nirvana, o de no hacerlo. Como sería reprobable a los ojos de cualquiera declarar que no se ocupan del hijo por las molestias que esto les puede ocasionar, quedan mejor negando que exista el problema. Por más trabajoso que resulte admitirlo, esta es la alternativa de muchos que han sido padres por su desarrollo genital, no por ninguna otra capacidad.

Como variante de una crasa irresponsabilidad, están también los que utilizan el TDAH como un instrumento más en su *guerra de pareja*. Si la relación entre dos personas no funciona adecuadamente y si el tiempo sólo logra empeorarla, se va acumulando el resentimiento hasta que se llega a un punto muerto, que se prolonga por años y años en ciertos casos, en que el enfrentamiento es continuo. Ante cualquier novedad que surja, una de las partes adopta automáticamente la posición diametralmente opuesta a la que ha asumido la otra. El tema de que se trate es lo de menos; lo importante para estas personas es mantener activo su rencor oponiéndose a todo lo que propone su cónyuge. En estas circunstancias, el diagnóstico de TDAH recibe el mismo trato que cualquier otra novedad. Si ella dice sí, él dice no y viceversa. El gran perdedor es el niño, quien ve comprometido su presente y su futuro por la rivalidad y perpetua contienda que existe entre sus padres.

Cuando se opone ella. Aunque es poco frecuente, se dan casos en que es la madre quien no acepta ni diagnóstico ni tratamiento. La decisión de haber hecho la consulta fue del padre y ha sido él quien se ha ocupado de llevar al hijo a la evaluación. Si ella ha tenido alguna participación, ha sido bajo protesta y con evidente malestar.

Cuando se opone él. Es mucho más común que sea el padre quien se oponga, lo que sugiere la existencia de un fuerte factor cultural en este asunto. En muchas ocasiones, esta oposición está anunciada desde un principio por la madre, quien informa que el esposo no está de acuerdo con la consulta, o que él "no cree en los psicólogos". Aunque es común que nunca se los llegue a conocer, asisten a veces estos señores a la sesión de entrega del informe de la evaluación y permanecen mudos escuchando con aires de escepticismo las explicaciones que se les dan. Otras veces, se muestran desafiantes y hasta intimidantes, como si la sesión se tratase de un torneo en el que tienen que salir vencedores.

Aunque las razones de este comportamiento en los hombres pueden ser muy variadas, el *machismo* que aún perdura en nuestra cultura confiere a esta situación un carácter especial. La estructura particular de una familia puede ser, en efecto, un elemento decisivo para que se niegue tratamiento a los niños que lo precisan.

El problema está dado por el hecho de la estructura jerárquica y autoritaria de la familia patriarcal, que coloca en el hombre el poder de decisión, aun cuando la calidad de su participación en los asuntos familiares tiende, más bien, a descalificarlo como sujeto capacitado para intervenir positivamente en la vida de los otros miembros de la familia.

Como es archiconocido, el sexismo se basa en una supuesta superioridad del hombre sobre la mujer, que le facultaría para ostentar la autoridad suprema en la familia. Aunque la ciencia no ha encontrado por ahora en ninguna parte el más mínimo vestigio de este prejuicio, el más viejo de la humanidad, los patrones de vida sexistas están tan arraigados que evolucionan con más lentitud que lo que muchos quisiéramos. Esto produce el curioso cuadro que se registra en la sociedad actual: unos individuos y familias han superado el patrón sexista, mientras que otros permanecen tenazmente aferrados al mismo y otros, en fin (mayoría con toda probabilidad), se encuentran en algún punto en la marcha de un extremo a otro.

El sexismo acérrimo produce un tipo de hombre especial. Un hombre al que una crianza rígida en unos valores irracionales y unas ideas antinaturales sobre sí mismo y sobre la mujer, ha podado su capacidad afectiva. Un hombre que ha sido sometido al aprendizaje patológico de la supremacía masculina y que se ve y se siente a sí mismo enfermizamente autosuficiente. Un hombre que ha aprendido a relacionarse con los demás de acuerdo a la posición que estos ostenten en una imaginaria escala jerárquica. Un hombre que espera respeto, sumisión y obediencia de parte de los que entiende que están por debajo de él. Un hombre que se percibe a sí mismo como el superior de su esposa, el jefe indiscutible de la familia.

Un hombre que, por consiguiente, no dispone de la sensibilidad necesaria para salir de sí mismo y acercarse a otros en acto de genuina comprensión y solidaridad. Un hombre al que le están vedadas la ternura y la entrega de sí mismo. Un hombre incapacitado para ver una situación desde un punto de vista que no sea el suyo propio y que no escucha, sino manda. Un hombre que mira despectivamente la capacidad y el juicio de la mujer y que no puede mantener con ella esa comunión íntima que sólo sostenemos con nuestros iguales. Un hombre que se irrita cuando alguno de sus "subordinados" actúa de forma independiente. Un hombre que escasamente se ocupa de sus hijos más allá de fabricarlos y que considera que toda su obligación hacia ellos consiste en proveer el dinero necesario para atender sus necesidades.

Este hombre es el que escucha un día la inquietud de su esposa por el comportamiento del niño, preocupación que despacha con rapidez, pues comprenderla rebasa sus capacidades. Si ella insiste, "autoriza" la consulta profesional, pero aclarando que no se cuente con él para nada de eso, pues lo que hacen los psicólogos no vale la pena y no entra en su mundo. Los niños y la psicología son cosas de mujeres. Cuando se le confronta con un diagnóstico del que no tiene la menor idea y con la necesidad de invertir tiempo, esfuerzos y dinero en un tratamiento, se rebela, recurre a su autoridad y da por terminado el proceso. Después de todo, él conoce bien la medicina a aplicar: ser más exigente con el niño y no tratarlo tan blandamente como hace la madre.

Aunque jamás lo confesará, es probable que lo que más le asuste sea el hecho de tener que entrar en una situación que escapa a su dominio. Reunirse con un profesional implica tener que expresarse, comunicarse, hacer planteamientos, contestar preguntas y ser refutado. Además, encierra la pavorosa posibilidad de reconocer que él tiene que cambiar. Por lo tanto, la situación que en realidad se le plantea a este individuo no es si el niño tiene TDAH y hay que atenderlo, sino si él entra en una situación en que no va a saber desenvolverse y en la que se va a poner al descubierto su ineptitud. El es el centro de su preocupación, no el niño. Quizás ni siquiera rechaza tanto el tratamiento en sí, sino que la nueva situación pueda poner en peligro su puesto en la familia, al enfrentarle con demandas que no puede satisfacer.

Para ti, madre. Si eres madre de un niño con TDAH y esposa de un hombre que responda a las características anteriores, tienes un serio problema, que trasciende el conflicto presente de dar o no dar tratamiento al niño. En realidad, el TDAH de tu hijo no es más que el último incidente de una extensa lista de trances que han marcado tu vida y que han ido reduciendo tu significación como ser humano. Si te encuentras supeditada a este hombre que te considera su propiedad y que niega tu autonomía como ser humano, careces de poder de decisión para socorrer a tu hijo. Esa es la realidad. Para poder ayudar al niño, tienes que ayudarte a ti misma primero.

Difícil situación, que, en última instancia, te puede llevar a tener que elegir entre tu hijo y tu matrimonio. No sólo se encuentra en juego el presente y el futuro del niño, sino los tuyos también. Se trata de tu puesto en la vida, de tu realización como ser humano, del respeto a tu capacidad para tomar decisiones y para atender las necesidades que se presentan.

Tu situación desborda ampliamente el propósito de este libro. La única orientación que se te puede dar desde estas páginas consiste en una enérgica recomendación de que busques ayuda profesional. No eres ni mucho menos la única mujer que se encuentra en unas circunstancias tan desfavorables. Hay profesionales y organizaciones que te pueden ayudar. Recurrir a ellos puede ser tu forma de ejercer la responsabilidad que, como madre y como único ser que comprende las necesidades de tu hijo, tienes hacia él.

b. Cuando se opone la familia.

Sucede a veces que la oposición viene de los abuelos, los tíos u otros familiares. La medida en que esto se convierte en problema está dada por el grado de injerencia que estas personas tengan en tu vida, en tu matrimonio y en la crianza de tus hijos.

Hay padres que nunca supieron dónde están las fronteras entre ellos y sus hijos. Lo ignoraron cuando estos eran pequeños y adolescentes, sin nunca reconocerles el derecho a la privacidad. Cuando los hijos llegan a adultos y establecen su hogar, sus padres ni saben, ni quieren, ni pueden cortar ese inapropiado cordón umbilical. Se sienten con capacidad y derecho para supervisar sus actos e intervenir en sus vidas. Consideran que los asuntos de sus nietos son sus asuntos y que los padres deben actuar de acuerdo a las directrices que ellos les imparten. El nombre que reserva el diccionario para una intervención de este tipo es *intromisión*.

Si estos abuelos están dominados por los prejuicios y mitos sobre el TDAH, intentarán por todos los medios evitar el tratamiento. Si lo logran o no, depende de ti. Una vez más, el peso de la responsabilidad recae sobre tus hombros.

Digan lo que digan los abuelos, la crianza y atención de tus hijos es responsabilidad exclusiva tuya. *Ellos siempre pueden opinar, pero no han de imponer sus convicciones.* La frontera que separa tu vida y la de ellos se levanta en el punto que marca la diferencia entre expresar opiniones e imponerlas.

Te puede resultar difícil manejar esta situación de injerencia indebida por parte de unas personas por las que sientes afecto. ¿Pero de qué forma puedes atender las necesidades de tu hijo sin negar la falsa autoridad de los abuelos? Excluir a estos de la decisión de dar tratamiento, difícilmente va a destruir tu relación con ellos. Quizás ésta sea la ocasión de empezar a construir esa línea divisoria entre tu mundo y el de ellos, imprescindible, pero inexistente hasta ahora. Si te sometes a su voluntad, actúas abiertamente en contra de los intereses de tu hijo. Tienes que elegir.

Naturalmente, la firmeza con que actúes va a estar influida por tu grado de conocimiento y convicción sobre el TDAH. De ahí la necesidad de informarte. Si no estás seguro de lo que haces, resultarás fácilmente influenciable.

Lo mismo que vale para los abuelos, vale también para los tíos o cualquier otro familiar que intente influirte más allá de lo debido. La convivencia, dentro y fuera de la familia, se basa en el respeto que las personas se deben unas a otras. *Respeto* en este contexto significa reconocer la existencia de unas áreas de competencia exclusiva para unas personas, en las que sólo ellas tienen la capacidad de decidir y actuar. La presencia de unas fronteras entre estas diversas áreas hace posible la armonía entre las personas y el desarrollo de cada una de ellas. Reconocer estas fronteras es propio de seres maduros. Ignorarlas, es típico de gente alienada de la realidad.

c. Cuando se opone el colegio.

Aunque no es frecuente, a veces el personal escolar se opone al tratamiento o se convierte en un obstáculo para el mismo.

La oposición como tal suele venir de algún maestro u otro funcionario escolar dominado por los mitos antimedicación, quien se ocupa de infundir todo tipo de miedos en los padres, generalmente por medio de historias tenebrosas de males ocurridos a otros alumnos que fueron medicados.

Otras veces, no se trata de oposición como tal, sino de una carencia de sensibilidad y de sentido común para relacionarse con el estudiante con TDAH. Se les olvida a estas personas que la información que tienen sobre el trastorno del niño es confidencial y pregonan en alta voz que "Fulano toma la pastilla..." u otros desatinos semejantes. Las imprudencias y la falta de solidaridad en la empresa de educar al niño hacen recomendable que se encarguen de su educación otras personas, que tengan los dones que a éstas les falta.

De todas las situaciones conflictivas expuestas, ésta es la más fácil de manejar. No se puede cambiar de padres, de abuelos o tíos, pero sí se puede cambiar de colegio. Si confrontas problemas de este tipo, puedes hablar con las personas implicadas, presentar una queja formal a la dirección o sencillamente ubicar a tu hijo en otro centro educativo que sea más digno de confianza.

3. Cuando no es sólo TDAH.

Al TDAH no le agrada ir solo. Prefiere la compañía. Por ello, no es de extrañar que junto al diagnóstico de TDAH se den otros. Muchas veces, el TDAH se da simultáneamente con trastornos del aprendizaje, trastornos de la conducta, depresión y otros desórdenes. Estos casos son más complejos y requieren un tratamiento más amplio y extenso.

a. Si hay trastornos del aprendizaje.

Se dan los *trastornos del aprendizaje* en personas que no alcanzan un nivel de aprendizaje académico apropiado a pesar de tener un desarrollo intelectual adecuado y acceso a una educación escolar regular. Al igual que ocurre con el TDAH, la investigación realizada apunta a una disfunción neurológica como probable causa de estas incapacidades para el aprendizaje. El hemisferio cerebral izquierdo, relacionado con el lenguaje, parece ser el área más afectada.

Como resultado de estas disfunciones, el niño puede presentar considerable dificultad para aprender a leer y a escribir, así como para el cálculo aritmético. Puede aprender con gran esfuerzo, pero sin llegar a dominar estas destrezas básicas. Como la lectura, la escritura y el cálculo son los tres instrumentos que nos sirven para realizar la mayor parte del aprendizaje escolar, éste se ve perjudicado y es corriente que se produzca un atraso académico generalizado. De hecho, muchos padres consultan a los psicólogos a causa de las dificultades que tiene su hijo para mantener un rendimiento académico aceptable y las malas notas que obtiene. Es muy común que también estos niños sean tachados de vagos, indisciplinados, irresponsables y malos estudiantes. La vida de las personas con trastornos del aprendizaje, al igual que sucede con las de quienes tienen TDAH, suele estar marcada por un historial de reproches y acosos.

Si al inicio del proceso evaluativo el psicólogo sospecha que pueden estar presentes trastornos del aprendizaje, ampliará la evaluación para incluir esta otra área. Para establecer un diagnóstico, es necesario administrar un test de desarrollo intelectual y un test educativo, que mida el dominio de las áreas instrumentales, es decir, la lectura, la escritura y las matemáticas. Si se registra un nivel de dominio inferior al aguardado para la edad y nivel de estudios del niño y si el desarrollo intelectual es adecuado, se puede colegir la presencia de trastornos del aprendizaje. Al igual que con el TDAH, es fundamental obtener una información detallada del historial académico del niño.[8]

Este proceso diagnóstico está fundamentalmente en manos del psicólogo, puesto que sólo él puede administrar los instrumentos evaluativos necesarios para llegar a una conclusión. Otros profesionales de la salud, experimentados y con conocimiento de estas materias, pueden muy bien darse cuenta del problema del niño, pero para establecer formalmente un diagnóstico, han de enviar el niño a un psicólogo, para que administre las pruebas que ellos no pueden dar. Hay una diferencia entre percibir un cuadro clínico y determinar formal y oficialmente un diagnóstico. Si se ha llegado a éste poniendo simplemente al niño a leer y escribir y a hacer unas operaciones aritméticas, no es válido.

Si se diagnostican trastornos del aprendizaje, el niño necesitará educación especial y terapia educativa, además del tratamiento para el TDAH.

Los estudios realizados muestran que un porcentaje que oscila entre un 8% y un 39% de los niños con TDAH presentan también trastornos del aprendizaje. Los problemas escolares de estos niños son considerablemente superiores a los que experimentan los que sólo tienen uno de los dos trastornos.

b. Si hay problemas de conducta.

Muchos niños hiperactivos cumplen igualmente con los requisitos diagnósticos del *trastorno negativista desafiante* y del *trastorno disocial*.

El *trastorno negativista desafiante* comienza en la niñez y se caracteriza por la oposición a los adultos, la desobediencia y la hostilidad. Los niños son dados a encolerizarse con facilidad y sufren rabietas. Discuten con los adultos, se niegan a cumplir sus demandas y pueden llegar a molestar intencionalmente a otras personas.

El *trastorno disocial* es propio de la adolescencia, aunque pueden presentarse algunos de sus rasgos antes de iniciarse ésta. Representa una violación de las reglas sociales más grave que la del trastorno anterior. Se registran en los que lo sufren actos agresivos, peleas, uso de armas, violaciones, acciones crueles con animales o personas, destrucción de la propiedad ajena, robos e infracciones de las normas familiares y escolares.

El diagnóstico de estos trastornos se hace indagando la presencia de la sintomatología, tanto con el niño o adolescente como con los padres y el personal escolar.

El tratamiento de estos trastornos y el del TDAH han de darse al mismo tiempo. Se han diseñado programas que pueden desarrollarse en el seno de la familia, en el ambiente escolar o en la comunidad. En el campo de la intervención individual, la terapia conductual y cognoscitiva tiene excelentes posibilidades. El tratamiento farmacológico para el TDAH ayudará también a modificar estos patrones de conducta.

c. Si hay depresión.

La depresión es otro de los cuadros clínicos que se asocian frecuentemente con el TDAH. Los estudios realizados muestran una incidencia que oscila entre un 20% y un 36%.

A pesar de ser el problema de salud mental más común, todavía muchas personas disponen sólo de una imagen estereotipada de la depresión. Si no tienen delante a alguien lloroso por días y días... ¡no hay depresión! En realidad, las manifestaciones de este problema van mucho más allá de la mera tristeza visible[9].

Si hay sospechas de depresión, el profesional que atiende al niño procederá a evaluar esta posibilidad y a establecer el diagnóstico, si ha lugar. El tratamiento consiste en psicoterapia, dirigida a alterar los patrones de pensamiento que propician la depresión, y administración de medicamentos antidepresivos. Como estos son útiles también para el TDAH, es posible que el médico los utilice para tratar simultáneamente ambos desórdenes.

Nunca se ha de subestimar la importancia de la depresión. Sin tratamiento, puede convertirse en un problema de larga duración, con una extensa lista de secuelas. En los peores casos, puede conducir a intentos de suicidio.

Ahora, estimado lector, estás en posesión de información suficiente para tomar una decisión. ¿Vas a iniciar el tratamiento que necesita tu hijo? ¿Vas a enfrentar con resolución los conflictos que se te pueden presentar si optas por la única vía racional e inteligente de acción?

Es momento de dejarte a solas, para que decidas, si aún no lo has hecho. Tu única compañía en este momento ha de ser esa responsabilidad que se hizo parte integral de ti en el momento en que tu hijo vio la luz, esa responsabilidad que se nos adhiere desde que la llegada de un hijo nos convierte en padres, esa responsabilidad que a veces nos sentimos tentados de ignorar, pero que nunca nos podemos quitar de encima.

Tu hijo aguarda. ¿Qué vas a hacer?

Aunque a lo mejor estás preguntándote qué pasará si no haces nada...

IV. "¿Y QUÉ PASA SI NO HAGO NADA?

¿Me preguntas qué va a pasar si no haces nada?

¿Y cómo te podría contestar yo esta pregunta? Para darte una respuesta categórica, tendría que ser adivino, cosa que, afortunadamente, queda lejos de mis posibilidades. Los que mantenemos un compromiso sólido únicamente con la ciencia, sólo podemos generar hipótesis y pensar en términos de probabilidades. Podemos establecer posibles acontecimientos futuros con pesos distintos de probabilidad, mas nunca decirle a nadie lo que le va a ocurrir.

En estos términos, se te puede decir mucho. La extensa investigación realizada ha arrojado abundante información sobre el TDAH en la vida adulta, especialmente cuando no ha recibido ningún tratamiento, por lo que se te puede ofrecer un resumen de los efectos conocidos. En qué medida esta información se pueda aplicar a tu hijo, que es un caso particular entre muchos miles, es algo que habría que determinar estudiando las características específicas con que en él se manifiesta el trastorno, el grado de intensidad de las mismas y otros factores. Así que, aunque no se te puede dar una respuesta terminante a tu pregunta, se te puede decir mucho, sin recurrir a la imaginación, sobre cómo se puede plantear el futuro, pero siempre a partir de probabilidades.

Sabemos que una cantidad que oscila entre un 70% y un 80% de las personas que presentaron síntomas de TDAH en la niñez continúan manifestándolos a lo largo de sus vidas. Por consiguiente, no se puede descartar la posibilidad de que tu hijo caiga en ese agraciado 20% a 30% que puede llegar a despreocuparse del tema. Mas la pregunta que se plantea obligatoriamente es cómo puedes estar seguro de que será así. Es posible, pero, en realidad, las probabilidades de que no sea así son sustancialmente mayores que las de que así sea.

Estamos refiriéndonos a riesgos. Puede ser que estos riesgos no se materialicen nunca, pero no sabemos si esto será lo que efectivamente ocurrirá. No podemos estar seguros. Por lo tanto, tomar todas las debidas precauciones es actuar sabiamente. Debes considerar la información que se te presenta a continuación.

1. Factores de consideración.

Se deben tomar en cuenta algunos factores básicos, que, en su conjunto, pueden proporcionar una noción del posible desenvolvimiento del TDAH en el futuro.

- *Grado de intensidad.* Por lógica, se puede establecer que si el trastorno se da con un grado de intensidad leve, se pueden aguardar unas consecuencias menos problemáticas que si el mismo es severo. Ahora bien, una intensidad leve en la niñez no garantiza que en la adultez no haya problemas o que estos sean llevaderos y manejables. En muchos casos, este grado "leve" puede acarrear situaciones difíciles.

  En términos generales, se puede aceptar que cuanto mayor sea la intensidad del trastorno, peores serán las consecuencias que se pueden aguardar.

- *Existencia de otros trastornos.* Igualmente por lógica, se puede establecer que es más fácil manejar un solo trastorno que más de uno. No se da la misma situación si la persona presenta sólo TDAH que si, además, tiene trastornos del aprendizaje, problemas de conducta u otros desórdenes que pueden manifestarse de forma crónica o repetitiva. Esta afirmación es relativa, sin embargo, y válida sólo para unos casos. Un TDAH severo puede ser más difícil de tratar que otro más leve acompañado por otro trastorno.

- *Recursos personales.* Los seres humanos diferimos considerablemente unos de otros en los recursos de que disponemos para enfrentar las situaciones que nos va proporcionando la vida. Esto explica el hecho conocido de que lo que para unos es un problema fácilmente manejable, se torna para otros un conflicto de enormes proporciones o un escollo insalvable. Los recursos propios de cada persona con TDAH van a marcar una diferencia en la forma en que se va a conducir la vida, al igual que pasa con los que no presentan el trastorno. Estos recursos no van a incidir en la manifestación ni en la intensidad de los síntomas, quede claro, pero pueden hacer una diferencia en la calidad de vida de la persona, al proveer o restar medios para manejar situaciones.

Entre estos recursos, vale mencionar los tres siguientes. Por una parte, se ha de considerar la inteligencia, en la que cabe distinguir tanto el tipo como el desarrollo cuantitativo. La calidad del sistema de creencias y de procesos mentales tiene una importancia trascendental en el curso de la vida. Si este sistema es de tipo racional, con ideas que corresponden a la realidad de los hechos y las relaciones, las perspectivas de una buena calidad de vida son sensiblemente mejores que cuando es irracional, en cuyo caso predominan los mitos y las explicaciones irreales, al mismo tiempo que abundan los errores de juicio para procesar lo que ocurre a nuestro alrededor. La inteligencia emocional es otro factor sumamente importante. La misma nos permite manejar las emociones, de forma que podamos dirigir nuestros pensamientos y acciones. Gracias a ella, podemos motivarnos, persistir ante las frustraciones, demorar la gratificación en aras de alcanzar unos objetivos, regular nuestros estados de ánimo, sentir y comprender a los demás y, en general, mantener relaciones mutuamente satisfactorias y productivas con los que nos rodean.

- *Circunstancias externas.* El sistema de apoyo de que disponga la persona va a significar una ayuda o un impedimento en su vida. Un círculo familiar y de amistades comprensivo, alentador y emocionalmente equilibrado será un elemento estabilizador en la tarea de vivir con TDAH. A la inversa, un entorno incomprensivo y hostil incrementará las dificultades que origina el trastorno. El nivel socioeconómico es otro factor de peso considerable, dada su relación con la satisfacción de necesidades. Las presiones económicas pueden llegar a ser un peligroso detonante de acciones que repercuten en contra de los intereses de la misma persona que las hace. Los apuros financieros unidos a la impulsividad constituyen una fórmula poco deseable.

La forma particular en que se combinen estos factores y otros no mencionados, generalmente menos significativos, va a influir extraordinariamente en el curso que adoptará la vida de una persona. Como puedes observar, se puede dar un número incalculable de combinaciones, lo que explica el hecho de que personas aquejadas por el mismo mal corran suertes muy distintas.

Tú conoces las características de tu hijo, los problemas que le ocasiona el TDAH, los recursos con que parece contar y el sistema de apoyo de que dispone. Sabes también si tiene que enfrentar otro enemigo, además del TDAH. Piensa de la forma más realista que te sea factible cómo se puedan mezclar posiblemente estos factores en el futuro y trata de imaginar diversos escenarios. No hay ninguna garantía de que los sucesos se vayan a desenvolver como los puedas visualizar, pero este análisis te puede proporcionar un cuadro que te sirva de marco de referencia para ir tomando decisiones.

Al hacer tus cálculos, has de poner mucho cuidado en no confundir nunca tus deseos con las realidades. La proyección de tus deseos en el futuro puede tener el efecto de confundirte, como si de un espejismo se tratara, e infundirte una falsa confianza. Evita caer en el "mi hijo no puede..." Nuestros hijos sí pueden caer en asuntos y prácticas que desaprobamos. Nuestros hijos no son invulnerables.

Después de todo, los que hacen tales cosas son siempre hijos de alguien.

El futuro es impredecible. Nunca podemos estar seguros de lo que ocurrirá en términos absolutos. Si lo hacemos, estamos apostando toda nuestra fortuna a una sola carta. Si ocurre lo que esperamos, somos afortunados, pero si pasa lo contrario, nos veremos sin medios para hacer frente a la realidad. No digas "esto o aquello no va a pasar", porque puede suceder. Entonces verás que sólo lograste engañarte por un tiempo. Entonces te darás cuenta de que no hay marcha atrás posible. Entonces comprenderás que desaprovechaste la oportunidad que un día tuviste.

Muchos padres desarrollan un optimismo del que acaban arrepintiéndose. No significa esto ni mucho menos que tengamos que aferrarnos al pesimismo, sino que hemos de visualizar el futuro en términos de probabilidades y nunca con una seguridad sin base objetiva, que puede estar cumpliendo la función de tranquilizarnos mientras que no hacemos nada.

2. Un factor de alto riesgo.

La investigación realizada ha identificado la combinación de TDAH con los trastornos de conducta (*trastorno negativista desafiante* y *trastorno disocial*) como un factor de alto riesgo, tan alarmante que sería un grave error subestimarlo.

Los niños que presentan ambos trastornos muestran un comportamiento que, además de estar marcado por la impulsividad, se caracteriza por ataques de cólera, rabietas, discusiones, molestar a otros de forma deliberada y resistirse a cumplir con las reglas dadas por los adultos. En el caso de los adolescentes, el cuadro es aún más grave, ya que a la impulsividad se une la agresión a personas y animales (que puede llegar hasta la crueldad), el vandalismo, el robo y las violaciones graves de normas sociales.

Se ha encontrado una mayor incidencia de delitos en los jóvenes y adultos que sufren TDAH y *trastorno disocial* que en los que sólo sufren el primero. El abuso de alcohol y de drogas ilegales es también mucho más frecuente en quienes presentan ambos desórdenes. Diversos estudios realizados son consistentes en mostrar este patrón.

El TDAH tiende a producir en muchos casos durante la infancia un comportamiento distinguido por la oposición a los mayores, que, de no corregirse, puede ocasionar en la adolescencia y la adultez serios problemas de relaciones personales. Se sabe también que la delincuencia es más frecuente en las personas con TDAH que en el resto de la población. Entre los que tienen *trastorno disocial*, pero no TDAH, abunda igualmente la misma. Sin embargo, su incidencia es mucho mayor en quienes tienen TDAH y *trastorno disocial*. Es decir, de todos los grupos examinados (población general, personas con TDAH, personas con *trastorno disocial* y personas con TDAH y *trastorno disocial*), los que muestran mayor ocurrencia de delincuencia son los últimos.

No se trata sólo de delincuencia. Son personas dadas a envolverse en altercados, a experimentar todo tipo de discusiones y tensiones con las personas con que conviven y a realizar actos que perjudican a otros y que muchas veces terminan haciéndoles daño a ellos mismos. Viven sus vidas desde una hostilidad enconada, crónica e indiscriminada.

No es de extrañar que muchas de estas personas reúnan los requisitos para el diagnóstico del *trastorno antisocial de la personalidad*. Los llamados *trastornos de la personalidad* se caracterizan por unos patrones de comportamiento persistentes y estables, de tipo desadaptativo, que la persona manifiesta en diferentes situaciones. En el caso del *antisocial*, existe una inadaptación a las normas sociales, actuación deshonesta hacia otras personas, impulsividad, irritabilidad, agresividad, incapacidad para mantener compromisos, despreocupación por la propia seguridad o por la de los demás y falta de sensibilidad y remordimiento por el mal hecho a otros.

Como se puede apreciar fácilmente, los peligros que se encuentran asociados con el binomio compuesto por el TDAH y los trastornos de conducta son lo suficientemente elocuentes como para permitirse el lujo de ignorar estos desórdenes y descuidar atajarlos en el momento más propicio: cuando nacen, sea en la niñez o en la adolescencia.

3. Riesgos a lo largo de la vida.

El TDAH puede causar dificultades de distinto tipo a lo largo de la vida, siempre de acuerdo a la forma particular en que se configure en una persona específica. No todo el mundo está expuesto a los mismos inconvenientes. Pasemos revista a los problemas más comunes y documentados como tales.

a. Problemas generales.

Las personas con TDAH suelen experimentar las siguientes dificultades:

- *Dificultad para concentrarse.* Cualquier trabajo que requiera un esfuerzo mental sostenido puede agotarlas con facilidad. Por esta razón, pueden evitar trabajos que les exijan períodos extensos de concentración.

- *Olvido crónico.* Las llaves, el paraguas, la cartera y otras muchas cosas suelen encontrarse donde no deben estar. Encargarles algo equivale a exponerse a no tener nunca lo que se les pidió. No hay mala voluntad de su parte; simplemente se les olvidó.

- *Problemas para manejar y distribuir adecuadamente el tiempo.* Se les hace difícil calcular cuánto les tomará hacer algo, lo que hará que separen una cantidad de tiempo irreal e insuficiente para esa tarea. Quizás tengan, por ejemplo, una idea adecuada de lo que les tomará llegar a equis sitio, pero no toman en cuenta el tiempo que les consumirá esperar ascensores, la congestión de tráfico que puedan encontrar, conseguir un estacionamiento y caminar hasta el punto de llegada. El resultado lógico es que llegarán tarde a su cita, lo que explicarán echando la culpa al tráfico y a otras circunstancias que encontraron en el camino. La explicación real es que no calcularon bien todo el tiempo que necesitaban.

- *Estilo de vida desorganizado.* Suelen hacer las cosas a última hora y en forma apresurada, sin prepararse adecuadamente, lo que les hace "quedar mal" y les lleva a un nivel de ejecución por debajo de sus posibilidades reales. No cumplen bien sus obligaciones muchas veces, no por desidia o irresponsabilidad, sino por su dificultad para organizarse.

- *Dificultad para realizar tareas que requieren atención periódica*, como llevar la chequera al día u organizar y controlar el presupuesto de su casa. El olvido, unido a la tendencia a dejar para mañana todo lo que se puede hacer hoy, causa que, aunque estén conscientes de la necesidad de realizar estas tareas, las vayan aplazando, para encontrarse que tienen un verdadero problema cuando se deciden a ponerse al día, problema que se podía haber evitado fácilmente.

- *Tendencia a actuar impulsivamente.* Pueden tomar decisiones importantes, como la compra de una casa o de un automóvil, la elección de una carrera o la aceptación o rechazo de un trabajo, sin la debida planificación y sin haber examinado todas las alternativas. Obvio es decir que cuando el tiempo prueba que la decisión tomada no fue la mejor, la corrección del error puede entrañar pérdidas de tiempo, de dinero y de energías, con la natural consecuencia para los que se encuentran próximos al sujeto impulsivo.

- *Escaso control de sus palabras.* Pueden decir algo sin estar conscientes de la reacción que pueden despertar en otros. Se debe esto en muchas ocasiones al automatismo con que se disparan las acciones. Apenas si pasa una idea por su mente, cuando ya ha salido por los labios. Pueden decir lo que no deben a la persona equivocada en el momento inoportuno y en el lugar inapropiado. A renglón seguido, han de confrontar las reacciones de los que se han visto afectados por sus palabras. El conflicto interpersonal es consecuencia obvia de su impulsividad verbal.

  Son curiosas las razones que esgrimen algunos individuos para explicarse a sí mismos y a los demás este comportamiento. "Sucede que soy muy espontáneo", "lo que pasa es que soy muy sincero", "yo no me callo nada; digo todo tal como lo veo" son "razones" que se escuchan comúnmente y que sólo tienen el efecto de engañar a quienes así se expresan y que desconocen en absoluto los mecanismos que les llevan a actuar como lo hacen.

- *Interrumpen a quienes les están hablando.* Es ésta otra consecuencia corriente de la impulsividad verbal que los caracteriza. Reaccionan a lo que se les está diciendo sin haber escuchado el argumento en su totalidad. La comunicación se ve, así, seriamente afectada. Un intercambio rápido de ideas a medio expresar no facilita ciertamente el análisis ni el razonamiento. En una situación así, las personas tienden a reaccionar más a lo que piensan que han oído, es decir, a su proceso interno de pensamientos, que a lo que en verdad se les ha dicho, o, por lo menos, se les ha intentado decir. En estas circunstancias, el diálogo es imposible y las relaciones se deterioran.

- *Dependencia de otras personas (cónyuge, secretaria, madre, etc.) para que les organicen sus actividades y se las estén recordando.* Los olvidos continuos y la dificultad para la organización inducen fácilmente a las personas cercanas a prestarles ayuda en las áreas problemáticas, en parte para evitarse la porción de consecuencias desagradables que cae inmerecidamente sobre ellos mismos. Cuando esto sucede en forma regular, puede desarrollarse una relación de dependencia, que incluso puede llegar a ser emocional, y la persona afectada puede terminar viendo como vive de acuerdo a lo que otros le dicen que haga.

- *Dificultad para controlar sus emociones.* Una baja tolerancia a la frustración facilita que sufran un ataque de coraje ante cualquier contrariedad, a veces nimia. Esta propensión puede ir desde lo leve hasta lo severo. La intensidad con que se den los exabruptos emocionales determinará el grado de dificultad para convivir con un individuo en particular.

- *Períodos de depresión.* La aparición de estados depresivos es fácilmente explicable. Las personas con TDAH sufren, generalmente desde la infancia. No es fácil una vida que desde bien temprano se pintó erizada de dificultades y repleta de reproches. Además de enfrentarse con la experiencia de su fracaso en diferentes áreas, reciben a menudo la hostilidad de los demás. En estas condiciones, la depresión se encuentra a un paso y suele ser el desenlace de toda una cadena de frustraciones variadas.

- *Dificultad para mantener relaciones a largo plazo (amistades o amorosas).* La convivencia con una persona que sufre de TDAH puede representar diferentes problemas. Si hay violencia, es fácilmente comprensible que haya conflictos. No obstante, otros aspectos del trastorno pueden hacer incierta la vida cerca de ellos. Cuando se vive en pareja, o en familia, las acciones de una parte tienen una repercusión inevitable en la otra. Para muchos, los problemas prácticos que se derivan de los olvidos, de la improvisación y de la falta de organización de la otra parte crean, con el paso del tiempo, una situación insostenible. El TDAH se encuentra en la raíz de algunos divorcios.

- *Problemas económicos.* Esto se explica tanto por la falta de planificación económica como por la actuación impulsiva, que les puede llevar a comprar lo que les va a resultar difícil pagar. Una tarjeta de crédito en manos de un adulto con TDAH puede convertirse en una trampa mortal. La facilidad del crédito y la propensión al consumismo que imperan hoy día forman un ambiente tóxico para quienes tienden al derroche o que meramente compran por impulsos.

- *Dificultad para cumplir con compromisos a largo plazo,* como terminar una carrera. Tienden a vivir el momento inmediato. Cuanto más cercanas sean sus metas, mayores son las probabilidades de que las alcancen. Un esfuerzo mantenido a través de un tiempo largo puede resultarles tan fatigoso y agobiante que terminen desistiendo de su propósito.

- *Patrón de inconsistencia en sus actividades e intereses.* Pueden entusiasmarse súbitamente por algo e invertir energías y dinero en ello, para luego cansarse y dejarlo rápidamente. O bien pueden desarrollar una fijación por alguien, con quien fraternizan por un período como si se hubieran criado juntos, hasta que la relación termina tan abruptamente como comenzó. Esta mezcla de apasionamiento e inconsistencia es el marco en que se encuadra la vida de algunas personas, con el consiguiente daño para sí mismas y para los demás.

b. Áreas problemáticas específicas.

Gracias a los resultados de la investigación realizada, se han identificado unas áreas que resultan especialmente conflictivas. Son las siguientes.

- *Educación.* Los estudios comparativos de la población con TDAH y la población general han mostrado en Estados Unidos que un 30%, aproximadamente, de los adolescentes del primer grupo tienen que repetir un grado escolar, mientras que alrededor de un 46% han recibido sanciones de suspensión de clases y un 10% han sido expulsados de las instituciones en que estudiaban. Las cifras correspondientes al resto de la población son significativamente inferiores. El estudio de los estudiantes adultos ofrece un panorama similar: un 60% han recibido suspensiones y por lo menos un 13% han sido expulsados. Además, un 30% no completará el ciclo de Escuela Superior. Las notas obtenidas son también más bajas que las de los otros estudiantes.

- *Accidentes automovilísticos.* Se ha encontrado que los adolescentes con TDAH son más propensos a tener accidentes automovilísticos que los de la población general. Reciben también más multas, especialmente por exceso de velocidad. Los estudios hechos con adultos arrojan resultados semejantes: mayor número de accidentes y de multas por exceso de velocidad. Se registra también un mayor número de carnets o licencias de conducir anulados.

- *Problemas laborales.* En términos generales, el historial de trabajo de las personas con TDAH tiende a ser más pobre que el de los demás. No son raros los cambios de trabajo, ocasionados por sus condiciones personales. Si las funciones que tienen que desempeñar requieren las cualidades de organización, planificación y constancia de que carecen, no es de extrañar que sus jefes decidan reemplazarlos en cualquier momento. Otras veces, son ellos quienes toman la iniciativa de irse, simplemente porque se cansaron de una rutina o les molesta algo o alguien relacionado con el trabajo.

- *Actividad sexual.* No se exagera en absoluto si la calificamos de alto riesgo, de acuerdo a los datos de que disponemos. En un importante estudio, se estableció que las personas con TDAH se iniciaron sexualmente antes que los del grupo sin TDAH con que se los comparaba. Además, informaron haber tenido más compañeros sexuales, al mismo tiempo que sus relaciones eran de menor duración. Se registró un número mayor de embarazos durante la adolescencia y menor uso de medios anticonceptivos, así como una mayor incidencia de enfermedades de transmisión sexual. Como grupo, se los había examinado también más que a los demás para detectar la presencia de SIDA.

- *Actividad delictiva.* Siempre siguiendo el procedimiento de comparar grupos de personas con TDAH con grupos de personas sin el trastorno (grupo control, en el lenguaje de la investigación), se ha comprobado que entre los primeros hay mayor incidencia de fugas del hogar durante la adolescencia, de peleas, de posesión ilegal de armas, de asaltos armados y de inicio intencional de fuegos.

No se presentan los datos anteriores con intención alarmista. Tan erróneo sería ignorar el problema como exagerar su importancia. Nadie ha de pensar que su hijo está predestinado a caer en una de estas estadísticas. En realidad, la mayor parte de los adultos con TDAH, aunque sufren dificultades en sus vidas, no incurren en estos comportamientos graves, que nos preocupan con sobrada razón. Sin embargo, es una realidad incuestionable, por la evidencia disponible, que las personas con TDAH forman un grupo significativamente más expuesto a los conflictos mencionados que el resto de la población.

Tan perjudicial es adoptar un optimismo desmedido como un alarmismo injustificado. Lo primero conducirá a la decisión irresponsable de no hacer nada, mientras que lo segundo provocará un pesimismo irreal, que puede resultar incapacitante para actuar adecuadamente. El nivel de preocupación debe estar en un justo medio. Ni más ni menos de lo que corresponde.

4. Qué pasa si haces algo.

Aunque sigo sin poder adivinar el futuro, te puedo decir mucho, siguiendo la misma línea de pensar en términos de probabilidades, sobre lo que se espera que ocurra si tomas la decisión acertada, racional y responsable de dar a tu hijo el tratamiento terapéutico que necesita.

El panorama que se dibuja a continuación será realidad sólo si se cumplen dos condiciones: el tratamiento ha de ser completo y debe tener la duración necesaria.

Como se expuso en el Capítulo II, el tratamiento consta de tres partes: trabajo directo con el niño, adiestramiento de la familia y administración de fármacos. Si se lleva a cabo sólo una o dos de estas partes, se deben esperar resultados relativos, en el mejor de los casos, o bien pobres o negativos.[10]

Además, es requisito que el tratamiento sea regular y consistente. Si se trabaja en lograr el cambio apetecido una temporada, para luego cansarse y abandonarlo, con el consiguiente retorno cuando apremia de nuevo la situación, no se deben esperar cambios significativos ni logros espectaculares. Alternar el estilo nuevo de manejar la situación con el viejo, constituye una pésima fórmula.

Si se cumplen fielmente estas condiciones, se pueden esperar unos resultados, que en unos casos se verán antes y en otros más tarde. Sin ánimos de ser exhaustivos, ni mucho menos, mencionaremos los más comunes.

- Tu hijo puede llegar a estar en control de sus actos y podrá elegir entre hacer algo y no hacerlo, con el subsiguiente resultado, sea positivo o negativo, como hacemos los demás.

- Podrás llegar a ver a tu hijo como éste es y dejarás de verlo como lo presenta un trastorno biocomportamental. Se acabó la falsa versión del niño.

- Tu hijo podrá sentirse bien consigo mismo y habrá dejado atrás ese torbellino de reproches y acusaciones con que se ha criado.

- Ganará un nuevo sentido de sí mismo. Sus limitaciones serán las naturales, no las artificialmente impuestas. Su autoestima experimentará un cambio, pues podrá comprobar que sí puede sacar adelante sus asuntos.

- Al facilitarle que se pueda concentrar y realizar trabajo intelectual por tiempo prolongado, le habrás abierto las puertas de los estudios superiores y le habrás dado acceso a una profesión que le permita sentirse realizado en la vida.

- Se pondrá coto a sus olvidos, no necesariamente eliminándolos, sino proporcionándole los medios para protegerse de los mismos.

- Obtendrá la guía para orientarse en ese laberinto que puede ser el tiempo para él. Quizás su sentido del mismo siga siendo algo cuestionable, pero podrá manejarse convenientemente y evitará los problemas que conlleva estar siempre tarde.

- Estará en condiciones de poner orden donde había un trastorno perfectamente organizado. Esto le permitirá cumplir con sus obligaciones y, por consecuencia, poder llegar a las metas que se haya propuesto.

- Tendrá la posibilidad de planificar su vida, en lugar de hacer las cosas siguiendo el impulso del momento.

- Obtendrá un sentido de independencia y de sana autosuficiencia, al no tener que depender de los demás para que organicen lo que él no puede organizar.

- Podrá tener control de sus emociones, en lugar de que éstas le arrastren y manejen a su antojo. Se reducirá, por lo tanto, el riesgo de depresiones y otros estados de ánimo insatisfactorios.

- Habrá desarrollado mayor tolerancia a la frustración, lo que le llevará a aceptar la realidad de que no se puede tener todo lo que se desea y que hay que esperar a recibir las cosas a su debido tiempo.

- Sus relaciones con los demás experimentarán un cambio notable, al aprender formas de comunicación que le permitirán defender sus intereses y derechos, pero de una forma racional y civilizada, sin necesidad de agraviar ni avasallar a nadie.

- Tendrá una posibilidad real de trazarse unas metas a largo plazo y luchar por llegar a ellas, sin tener que sufrir la interferencia de un trastorno que continuamente le saca de ruta.

- Tendrá la oportunidad de que su trabajo y su matrimonio estén sujetos a la misma suerte que los de los demás, sin llevar el lastre que supone el TDAH.

- Con el paso del tiempo, él mismo llegará a determinar cuándo puede funcionar sólo y cuándo necesita recibir alguna ayuda, sea farmacológica o psicoterapéutica.

- En la familia que había discordia, puede haber paz, al ganar todos una nueva comprensión de la realidad y aprender nuevas formas de manejarla.

- Habrás contribuido a ahuyentar la pesadilla de los males más graves asociados con el TDAH: alcoholismo, drogadicción, accidentes automovilísticos, fracaso académico, problemas laborales, enfermedades de transmisión sexual y delincuencia.

- Experimentarás la satisfacción de haber estado a la altura de las circunstancias y de haber ayudado de forma efectiva a ese hijo del que eres responsable.

De la misma forma que tu hijo no está expuesto a todos los peligros que se han mencionado, tampoco todos los beneficios anteriores tienen que ver necesariamente con él. Como el TDAH es un trastorno heterogéneo, unos necesitan unos logros que nada tienen que ver con otros. Al leer la lista anterior, habrás encontrado que unas cosas guardan relación con tu hijo y habrás ido descartando otras. Es completamente normal. Puedes albergar la seguridad de que lo que tu hijo no necesita servirá muy bien a los hijos de otros.

Ahora ya conoces lo peor y lo mejor que puede ocurrir. Tienes la información necesaria para contestarte aquella pregunta de "¿qué pasa si no hago nada?" y sabes que lo que puede ocurrir va desde nada malo hasta una tragedia. Conoces los factores en que tienes que fijarte para tener una idea de las posibles consecuencias de no hacer nada. Y dispones también de los elementos de juicio necesarios para calcular lo que puede ocurrir si inicias y sigues el tratamiento.

¿Qué vas a hacer?

EPÍLOGO

1. Cuando los hijos son nuestro espejo.

¿Te has descubierto alguna vez pensando que tu hijo se parece a ti, cuando eras pequeño? ¿Has ido reconociendo tu propia infancia a lo largo de este libro, a medida que leías sobre el niño hiperactivo? ¿Te has visto retratado en lo que se ha dicho sobre el adulto con TDAH? ¿Piensas que quizás eres uno de ellos?

Si las respuestas son afirmativas, las líneas que siguen son para ti. La situación que estás viviendo no es rara. Es la misma que han vivido miles de padres que han pasado toda una vida preguntándose por qué son como son y por qué su vida ha sido como ha sido. En el momento quizás más inesperado, una respuesta se les atraviesa en el camino. La mayor parte de estas personas no tenían ni la más mínima noción de lo que les ocurría, por lo que el recién descubierto TDAH viene a ser una auténtica revelación para ellas.

Como se ha visto (Capítulo I), el TDAH tiene un fuerte factor genético, por lo que no es nada extraño que se presente en varias generaciones. Puede ser que éste sea tu caso y el de tu hijo. Si es así, puedes considerar todo lo que has pasado hasta llegar al diagnóstico del niño como una oportunidad para poner en perspectiva tus propios asuntos. Tu oportunidad.

Es tu oportunidad porque esos recursos que hay para ayudar a tu hijo están disponibles también para ti. Si arrastras problemas que tengan que ver con un posible TDAH, sólo te seguirán perjudicando como lo han hecho hasta ahora si decides dejar todo como está y no proporcionarte ayuda. Si optas por empezar a hacer algo por ti, tu futuro podría ser diferente.

Sólo tú conoces tus problemas, que son también los de otros muchos. A lo largo de la vida, te habrás dado cuenta de que, sean los que sean, no eres tú el único afectado por ellos. Los adultos tenemos muchas situaciones problemáticas en común. Ahora bien, si tienes TDAH, tu déficit de regulación de los impulsos interviene en ellos. Si dispusieras de un control sobre ti mismo similar al de la persona promedio, vivirías de otra forma tus problemas y probablemente no tendrías algunos de ellos.

Si decides darte una oportunidad, el procedimiento a seguir es el mismo que el que has seguido con tu hijo. Debes encontrar un profesional capacitado para evaluarte. El diagnóstico de los adultos ofrece mayores dificultades que el de los niños, pero hay medios para hacerlo. Es posible que en la adultez el TDAH se haya combinado con problemas de ansiedad, estados de humor, rasgos de personalidad y otras cuestiones que sería difícil enumerar, por lo que necesitas una persona con amplio conocimiento clínico. Si se confirma el diagnóstico, se examinará la conveniencia de que recibas tratamiento psicoterapéutico y/o farmacológico. Como se ha dicho anteriormente, una persona que sufra TDAH no tiene que estar en manos de psicólogos y médicos toda su vida. Sólo recurrirá a ellos cuando lo estime necesario. Pero para saber cuándo es necesario, tienes que conocer mucho más sobre el trastorno y cómo se manifiesta en tu vida. Tienes que entrenarte en dominarlo y la experiencia te irá diciendo cuando puedes funcionar por ti mismo y cuando tienes que solicitar ayuda profesional. Comprobarás que, si tienes la constancia de llevar el tratamiento requerido, irás adquiriendo gradualmente más dominio de todas esas cosas que hasta ahora te han dominado y que menos tendrás que depender de la consulta profesional.

Muchos adultos con TDAH se refieren a su vida como un caos perfecto. Ahora dispones de la ocasión para poner orden en la tuya.

La situación tiene otro ángulo, además. Atender a tu hijo hiperactivo va a requerir de ti un máximo de efectividad. Ya sabes que, como padre, eres parte integral y principal de la terapia. ¿Mas cómo te vas a ocupar eficientemente de los problemas de tu hijo si, pese a toda tu buena voluntad, los tuyos propios se convierten en auténticos obstáculos en tu camino? ¿Has considerado este inconveniente? El tratamiento de tu hijo requiere constancia, regularidad, estabilidad emocional y una gran dosis de autocontrol de tu parte. ¿No son precisamente éstas las áreas que daña este trastorno? Si confrontas problemas de este tipo, vas a tener que empezar a considerar seriamente que el camino para ayudar a tu hijo pasa por ayudarte a ti mismo.

Te exhorto a plantearte sincera y sensatamente la posibilidad de hacer una consulta profesional para ti mismo. No sólo tienes en juego la calidad de tu propia vida, sino que quizás sea la única forma en que puedes cumplir con la responsabilidad que tienes de atender a tu hijo.

Piénsalo. No pierdes nada y puedes ganar mucho.

2. Una precaución a tomar.

Si tienes otros hijos, debes observar si su comportamiento es compatible con el que es característico del TDAH. Como se vio en el primer capítulo, se ha encontrado que alrededor de un 32% de los hermanos de niños que tienen este trastorno lo presenta igualmente. O sea, los hermanos de niños hiperactivos corren más riesgo de serlo también que el resto de los niños, lo que comprensiblemente se puede atribuir al factor genético envuelto en el trastorno. Resulta imperativo, entonces, tomar las medidas necesarias para asegurarse de que el TDAH se limita al hijo diagnosticado y no se extiende a alguno de sus hermanos.

En este momento, conoces bien la sintomatología, por lo que no te puede costar excesivo trabajo determinar si alguno de tus otros hijos la comparte. Si sospechas de alguno, debes realizar la correspondiente consulta profesional y someterlo igualmente a una evaluación diagnóstica. Los resultados de la misma te dirán hasta qué punto tus sospechas son fundadas. Si no procedes así y piensas que "con uno es suficiente", puedes estar desatendiendo la necesidad de otro niño, que es tan hijo tuyo como el primero y, además, se pone en peligro el tratamiento de este último, ya que un niño hiperactivo sin ayuda terapéutica difícilmente va a contribuir positivamente al bienestar de su hermano igualmente hiperactivo. No conviene dejar cabos sueltos en la familia.

Si tienes hijos gemelos, recuerda que las probabilidades de que el hermano del que tiene TDAH lo presente también aumentan dramáticamente.

3. Y ahora... ¿qué?

Bien, amigo lector, hemos llegado al final del trayecto. He intentado ayudarte a salvar el obstáculo que representa enfrentarse a algo desconocido, algo que podías fácilmente subestimar. En este momento dispones, con toda probabilidad, de más información sobre lo que ocurre a tu hijo que si se le hubiera diagnosticado hipoglucemia o asma. Se te han provisto todos los elementos de juicio para que tu decisión sea auténticamente informada. Sabes lo que es y lo que no es el TDAH. Conoces los errores más comunes que se cometen con los niños hiperactivos. Estás al tanto del tratamiento y tienes una idea acertada de lo que se puede aguardar si lo inicias y lo sigues hasta el final, como también tienes información sobre la realidad del uso de los fármacos y las ficciones que se han propagado sobre ellos. Si quieres saber más sobre el tema, se te ha orientado sobre las obras que puedes consultar. Ningún punto importante queda al descubierto.

Es tu turno ahora. ¿Qué vas a hacer?

La situación es clara: tu hijo sufre un trastorno del comportamiento que tiene unas hondas raíces biológicas, que ya le ha perjudicado y que puede comprometer algo o mucho su porvenir.

Puede suceder también que no sufra mayores consecuencias, pero tú desconoces la senda que el trastorno va a seguir en el futuro. Jugar con las probabilidades es arriesgado. Seguir albergando temores infundados mientras que se desatienden los riesgos reales es injustificable.

Tu hijo necesita tratamiento. Ahora.

Tu hijo depende de ti. Hasta que pueda hacerse cargo de sí mismo, es tu responsabilidad. Tu completa y total responsabilidad.

Es TDAH. *Trastorno por déficit de atención/hiperactividad.*

Y ahora...

¿QUÉ?

APÉNDICE

CRITERIOS DIAGNÓSTICOS

El *Manual diagnóstico y estadístico de los trastornos mentales - Texto Revisado*, de la Asociación Psiquiátrica Americana, establece en su cuarta edición (DSM-IV-TR) los siguientes criterios diagnósticos para el TDAH.

A. (1) o (2)

(1) Seis (o más) de los siguientes síntomas de *desatención* han persistido por lo menos durante seis meses con una intensidad que es desadaptativa e incoherente en relación con el nivel de desarrollo:

Desatención.

a. a menudo no presta atención suficiente a los detalles o incurre en errores por descuido en las tareas escolares, en el trabajo o en otras actividades.

b. a menudo tiene dificultades para mantener la atención en tareas o en actividades lúdicas.

c. a menudo parece no escuchar cuando se le habla directamente.

d. a menudo no sigue instrucciones y no finaliza tareas escolares, encargos u obligaciones en el centro de trabajo (no se debe a comportamiento negativista o a incapacidad para aprender instrucciones).

e. a menudo tiene dificultades para organizar tareas y actividades.

f. a menudo evita, le disgusta o es renuente en cuanto a dedicarse a tareas que requieren un esfuerzo mental sostenido (como trabajos escolares o domésticos).

g. a menudo extravía objetos necesarios para tareas o actividades (por ejemplo, juguetes, ejercicios escolares, lápices, libros o herramientas).

h. a menudo se distrae fácilmente por estímulos irrelevantes.

i. a menudo es descuidado en las actividades diarias.

(2) Seis (o más) de los siguientes síntomas de *hiperactividad-impulsividad* han persistido por lo menos durante seis meses con una intensidad que es desadaptativa e incoherente en relación con el nivel de desarrollo:

Hiperactividad.

a. a menudo mueve en exceso manos o pies, o se remueve en su asiento.

b. a menudo abandona su asiento en la clase o en otras situaciones en que se espera que permanezca sentado.

c. a menudo corre o salta excesivamente en situaciones en que es inapropiado hacerlo (en adolescentes o adultos puede limitarse a sentimientos subjetivos e inquietud).

d. a menudo tiene dificultades para jugar o dedicarse tranquilamente a actividades de ocio.

e. a menudo "está en marcha" o suele actuar como si tuviera un motor.

f. a menudo habla en exceso.

Impulsividad.

g. a menudo precipita respuestas antes de haber sido completadas las preguntas.

h. a menudo tiene dificultades para guardar turno.

i. a menudo interrumpe o se inmiscuye en las actividades de otros (por ejemplo, se entromete en conversaciones o juegos).

B. Algunos síntomas de hiperactividad-impulsividad o desatención que causan alteraciones estaban presentes antes de los 7 años de edad.

C. Algunas alteraciones provocadas por los síntomas se presentan en dos o más ambientes (por ejemplo, en la escuela [o en el trabajo] y en casa).

D. Deben existir pruebas claras de un deterioro clínicamente significativo de la actividad social, académica o laboral.

E. Los síntomas no aparecen exclusivamente en el transcurso de un trastorno generalizado del desarrollo, esquizofrenia u otro trastorno psicótico, y no se explican mejor por la presencia de otro trastorno mental (por ejemplo, trastorno del estado de ánimo, trastorno de ansiedad, trastorno disociativo o un trastorno de la personalidad).

NOTAS

[1] El niño (el adulto también) evita realizar tareas que le imponen un esfuerzo mental sostenido y le requieren focalizar la atención en unos temas específicos. De ahí la renuencia, tantas veces denunciada por los padres, a ponerse a hacer los trabajos escolares. Esto es lógico y natural, ya que tiene una dificultad especial para concentrarse. De antemano sabe que, a partir de las experiencias pasadas, va a hacer algo que le va a costar trabajo, hasta el punto de que al terminarlo puede sentirse extenuado. Es humano resistirnos a emprender tareas para las cuales sabemos que tenemos una dificultad especial. A ti, amigo lector, te ocurre lo mismo. Busca aquellas cosas para las que sabes que tienes escasa aptitud y confiésate si las haces de buena gana, o si bien pospones realizarlas. Probablemente, a una inmensa mayoría de los seres humanos les sucede lo mismo. Así estamos hechos y así funcionamos. Luego no tiene nada de extraño ni anormal que tu hijo lo haga. Obviamente, quien no tenga el dato de que existe una dificultad muy particular, de la que el niño no es responsable y sobre la que no tiene control, y que, además y para colmo de males, sólo ha aprendido a evaluar la conducta ajena en términos morales, se apresurará a sentenciar que es "vago" e "irresponsable". Por respeto tanto a tu propia dignidad de ser humano como a la de tu hijo, procura no ser tú esa persona.

De resistirse a realizar trabajos que demandan esfuerzo mental sostenido a llegar a aborrecer el aprendizaje escolar sólo hay un paso, que muchos niños dan. El rechazo a lo escolar no es más que la culminación lógica de un historial de dificultades específicas. Con el paso de los años, los maestros y los padres suelen indicar que "no tiene motivación" para estudiar, que "le gusta jugar más que estudiar" y que "se resiste a ir a la escuela". Se multiplican los juicios morales sobre la presunta vagancia, que ya son del tipo de "nunca ha querido estudiar" o "es vago por naturaleza". Se acrecientan los conflictos, se incrementan y agravan las acusaciones y el cuadro degenera en un auténtico conflicto familiar. Con este triste manejo de la situación, no es de extrañar que no sean pocas las consultas a los psicólogos sobre las relaciones entre padres e hijos y que abunden los diagnósticos de depresión y de problemas de ansiedad, tanto entre padres como entre hijos.

Si tu hijo experimenta los problemas que se han mencionado para estudiar y concentrarse, haz todo lo posible por escapar con la mayor brevedad posible del fatídico mundo de los juicios morales y por adoptar un nuevo esquema de comprensión y pensamiento más acorde con la realidad de lo que ocurre. Te compele a hacerlo el bienestar de tu hijo y la responsabilidad que tienes como padre.

2 HIPERACTIVIDAD: UN CONCEPTO AMBIGUO Y CONFUSO.

El concepto de *hiperactividad* requiere aclaración y discusión. Es éste un punto en el que reina la confusión y el malentendido. Un niño no cae en la clasificación de hiperactivo meramente porque sea muy activo o porque con sus travesuras moleste a los adultos. Los seres humanos variamos en el nivel de actividad que tenemos, entre otras muchas cosas.

Hay personas de temperamento plácido, cuyo nivel de actividad es inferior al promedio (hipoactivos), lentos, flemáticos y parsimoniosos. Otras, la mayoría, mantienen un nivel promedio de actividad y se mantienen lejos tanto de la inacción como del dinamismo excesivo. Otras, en fin, son inquietas, altamente dinámicas, veloces e incansables. Todo esto es normal. Las últimas no tienen nada que ver con lo que clínicamente se denomina hiperactividad.

La característica fundamental del tipo de movimiento propio del TDAH es que se trata de movimientos que no tienen ningún propósito y que se dan en circunstancias inapropiadas. Cuando ejecutamos algún movimiento, lo hacemos con alguna intención; o sea, el movimiento no es arbitrario, sino que sirve para lograr un fin o satisfacer un deseo. Por ejemplo, cuando estamos sentados, nuestros movimientos nos permiten cambiar de postura y con ello aliviar la presión sobre algunos músculos, o bien sirven para rascarnos y eliminar un molesto picor, o simplemente para alcanzar un objeto. Son acciones que tienen un propósito definido. Los movimientos del niño hiperactivo son diferentes. No sirven para nada. Son movimientos que se dan... porque sí. Además, al niño se le hace difícil controlarlos en situaciones en que resultan inapropiados. Por eso se levanta del asiento en el colegio, cuando está comiendo, en el cine o en la iglesia.

De igual manera, conviene tener claro y muy presente que, a pesar de que esta hiperactividad le da su nombre actual al trastorno, no representa ni mucho menos el problema central y auténtico del TDAH. ¿Se puede concebir sensatamente que el mero hecho de moverse intensamente puede poner en peligro el futuro de alguien? A lo sumo, la hiperactividad del niño puede llegar a molestar a los que le rodean, especialmente a los adultos, pero esto no constituye un problema de una magnitud tal que haya requerido la atención de la ciencia ni la producción de una abundante literatura. Si la hiperactividad en sí fuese el problema, ni existiría el TDAH, ni estarías leyendo este libro, ni su autor lo habría escrito. La hiperactividad es ciertamente el rasgo más llamativo de este trastorno, pero no el más dañino. Sobreestimarla, en desmedro del problema de inhibición de conducta de que vamos a tratar algo más adelante, sería un error trágico.

Hiperactividad es también un nombre que invita a la confusión. El hecho desafortunado de que, después de haber pasado por ser reconocido bajo distintos nombres a través del siglo XX, conozcamos actualmente este trastorno por el nombre de hiperactividad, constituye una desventaja y nos ocasiona frecuentemente problemas de comunicación. Hiperactividad es un vocablo corriente, que se usa en la conversación ordinaria y que la persona común llena con un contenido no técnico (alto grado de actividad). Mas en ciencia, la misma palabra recibe un significado diferente (un síndrome clínico). Esta disparidad ocasiona que cuando los profesionales hablamos con los legos en la materia se origine a veces un enredo que hay que apresurarse a deshacer, ya que cada parte se encuentra hablando de algo distinto.

3 LA AUTÉNTICA DIFICULTAD.

El niño hiperactivo no tiene problemas de memoria ni de falta de voluntad para actuar correctamente. Su dificultad no consiste en que no recuerde lo que debe hacer en el debido momento, o en que no ponga empeño en actuar como se le ha explicado que debe hacerlo. Su conflicto estriba en que se le hace difícil hacer lo que sabe que tiene que hacer.

4 EL NIÑO QUE NO PODÍA DEJAR DE QUEMARSE.

El caso más patético de comportamiento temerario e inhabilidad para el aprendizaje visto por el autor ha sido el de un niño de siete años, cuyo brazo derecho impresionó desde el primer momento por las cicatrices que cubrían la mayor parte de su superficie. Su tutora explicó que, a pesar de estar advertido del peligro, se volcó encima una olla de agua hirviendo. Cuando le subió el pantalón corto que llevaba, se vio que todo el muslo había sido igualmente afectado. El accidente requirió varias intervenciones quirúrgicas y una estancia algo prolongada en el hospital. Una experiencia de este tipo habría bastado para que cualquier niño hubiera aprendido a mantenerse lejos de las ollas con agua caliente. Este no. Poco más tarde, en una de las sesiones de evaluación, la tutora informó que el día anterior había estado a punto de ocurrirle exactamente lo mismo por haber cometido una imprudencia idéntica a la de la primera vez. ¿Trágico, verdad? Mas lo más trágico del asunto fue que cuando se le explicó a la señora la existencia del TDAH y que el accidente, junto con su posible duplicación, se podía atribuir a este trastorno, que el pequeño presentaba de forma severa, ésta se limitó a escuchar con cara de incredulidad, esbozó una sonrisa cargada de escepticismo y dijo que... llamaría más adelante para comenzar el tratamiento. Simplemente, le negó tratamiento al niño.

5   El concepto de teoría requiere ser comentado y precisado. En un desdichado sentido popular, una teoría es equivalente a una suposición sobre unos hechos y, como figuración especulativa producto de la imaginación, carecería de la autoridad necesaria para ser creída. Mientras que 2 + 2 = 4 sería un hecho, la teoría de la evolución o cualquier otra no pasaría de ser pura conjetura, objeto de discusión y que se adoptaría por convicción personal. Este es el sentido de la lastimosa expresión "¡Eso no es más que una teoría!", con la que muchas veces gentes desinformadas pretenden despachar despectivamente lo que no entienden. Nada más lejos de la realidad. En ciencia, teoría se refiere a una explicación general de unos hechos cuyo conocimiento se ha obtenido por medio de la investigación. O sea, la teoría parte de una amplia colección de datos, obtenidos empíricamente, y les da una interpretación plausible y sujeta a revisión, según se va modificando el cuerpo de conocimientos sobre el tema en cuestión. Las teorías son rebatibles, pero sólo mediante la anulación de su fundamento y la supresión de los elementos que las componen.

6   Los procedimientos aludidos en esta sección y la siguiente corresponden a países como Estados Unidos y Puerto Rico, en los que la población recibe los servicios de salud en consultorios privados, estando cubiertos en gran cantidad de casos, por seguros médicos. En España, suelen ser los psicopedagogos quienes, en los colegios, detectan generalmente los casos. Realizada su propia investigación, derivan los casos a los neuropediatras del sector

público. Habría que ver hasta qué punto el modelo de prestación de servicios de salud de la Seguridad Social española se adapta para un tipo de intervención como la que se ha descrito. Para buscar una segunda opinión, es de temer que haya que recurrir al sector privado.

[7] Hay que establecer unas normas familiares de comportamiento y convivencia que sean claras y concretas, unas relaciones basadas en el respeto mutuo, una forma de relacionarse con el niño sin órdenes, ruegos, adulaciones y negociaciones, así como conseguir autocontrol de parte de los padres y mantener la consistencia de todo lo anterior, de modo que esta nueva forma de proceder y relacionarse perdure a través del tiempo, convirtiéndose en un auténtico cambio. La magnitud de este programa hace altamente cuestionable que unos padres, por muy buena que sea su voluntad y alta que sea su motivación, puedan llevarlo a cabo por sí solos, sin disponer de alguien a quien consultar y de quien recibir asesoramiento, de modo que se vayan introduciendo las modificaciones necesarias en el programa, a tenor de las reacciones de los distintos miembros de la familia y de la consecución progresiva de los objetivos propuestos.

[8] PROCEDIMIENTO DIAGNÓSTICO DE LOS TRASTORNOS DEL APRENDIZAJE.

1. Administrar un test de desarrollo intelectual (*Escala Wechsler*, por ejemplo). Los cocientes de inteligencia obtenidos han de ser lo suficientemente altos como para que no puedan explicar el retraso académico.

2. Hacer una evaluación educativa (evaluación de la competencia curricular del alumno), que mida el dominio de la lectura, la escritura y el cálculo aritmético. El resultado debe indicar un nivel de dominio inferior al que se espera para su edad y escolaridad.

3. Se ha de establecer que el niño ha tenido acceso a una escolaridad regular.

4. La falta de dominio de las destrezas básicas ha de interferir en el rendimiento académico del niño o en actividades de la vida cotidiana que las exigen.

[9] Observa si el comportamiento del niño se caracteriza por algunos de los siguientes puntos.
- Se muestra triste *o* irritable.
- Ha perdido interés en sus actividades preferidas. Se nota aburrido.
- Ha perdido peso, o bien se ha dado un cambio en su apetito (puede comer más o menos que lo habitual).
- Ha habido un cambio en su patrón de sueño: duerme más o menos de lo habitual.
- Está más agitado que de costumbre. O bien todo lo contrario: excesivamente quieto y tranquilo.
- Se nota falto de energía.
- Manifiesta sentirse inútil o culpable.
- Tiene dificultad para concentrarse.
- Tiene ideas de muerte o suicidio.

[10] "Doctor, se hará todo lo que usted diga" repitió una y otra vez la madre, con tono de seguridad. "Todo lo que usted diga" se vio reducido a dejar el niño en el consultorio una vez a la semana por espacio de varios meses. A la hora en punto, llegaba la señora con su hijo, lo "entregaba" y se marchaba, para recogerlo al final de la sesión. El pequeño no recibió nunca tratamiento médico, como tampoco sus padres se dedicaron a aprender sobre el trastorno. Posiblemente, era demasiado trabajo. Los resultados del trabajo terapéutico con el niño fueron, como era de esperar, bastante pobres. La terapia se interrumpió

cuando la madre (al padre ni siquiera se le llegó a conocer) pareció cansarse del ajetreo semanal sin ver resultados. Esta mentalidad de miedo injustificado a los fármacos y de "haga usted lo que quiera con el niño, que es el enfermo, pero a mí déjeme tranquilo", no conduce a nada positivo.

OTRAS OBRAS DEL AUTOR

Aprendiendo a vivir. Colección de artículos sobre temas relacionados con la vida familiar, la crianza de los hijos, la hiperactividad, los problemas de aprendizaje, el castigo de los niños, el fracaso escolar, la mujer maltratada, las personas de trato difícil, las fobias y otros temas.

El Reino imposible. Novela histórica, ambientada en Roma, en los años 70 y 71.

Marcos se ve envuelto en la maquinación de una mujer vengativa y en las redes de un cristiano sediento de poder y de un senador corrupto y criminal. Acompañado por su amigo Fulvio, ha de averiguar la razón de la muerte de personas inocentes, descubrir a los responsables y hacer justicia.

Mientras esto ocurre, unos cristianos se proponen redactar un libro que muestre que Jesús fue inocente del cargo de sedición contra Roma. ¿Fue Jesús un dios que andaba de incógnito por la tierra o un judío que luchó por su pueblo? Marcos y Fulvio tienen que solucionar este enigma, pero lo que encuentran perjudica los intereses de gente poderosa y pone en peligro sus vidas. **El Reino imposible** cuenta cómo se elaboró el mayor fraude cometido en la historia, por primera vez expuesto y novelado en esta obra.

Visite **www.elreinoimposible.com**

CPSIA information can be obtained at www.ICGtesting.com
Printed in the USA
LVOW04s1302100715

445774LV00003B/416/P